Mindermann/Brösel
Buchführung und Jahresabschlusserstellung
Band 2: Das Übungsbuch
2., durchgesehene und korrigierte Auflage
Norderstedt 2010

Buchführung und Jahresabschlusserstellung
Band 2: Das Übungsbuch
2., durchgesehene und korrigierte Auflage
Norderstedt 2010

Von

Univ.-Prof. Dr. habil. **Torsten Mindermann**, StB
Lehrstuhl für Allgemeine Betriebswirtschaftslehre und
Rechnungs-, Revisions- sowie betriebliches Steuerwesen
Ernst-Moritz-Arndt-Universität Greifswald

und

Univ.-Prof. Dr. habil. **Gerrit Brösel**
Fachgebiet für Allgemeine Betriebswirtschaftslehre,
insbesondere Rechnungswesen und Controlling
Technische Universität Ilmenau

Bibliografische Information Der Deutschen Bibliothek:

Die Deutsche Bibliothek verzeichnet diese Publikation in der Deutschen Nationalbibliografie; detaillierte bibliografische Daten sind im Internet unter: http://dnb.ddb.de abrufbar.

1. Auflage 2008 („Buchführung und Jahresabschluss; Band II: Das Übungsbuch")
2. Auflage 2010 („Buchführung und Jahresabschlusserstellung; Band II: Das Übungsbuch")

Alle Rechte liegen bei den Autoren!

Herstellung und Verlag: Books on Demand GmbH, Norderstedt
www.bod.de
ISBN-13: 978-3-839-14601-9

Vorwort

Getreu dem geflügelten Wort **„Übung macht den Meister"** soll das vorliegende Übungsbuch Ihre Prüfungsvorbereitung für Veranstaltungen zur Buchführung und Jahresabschlusserstellung an Universitäten und Fachhochschulen sowie anderen öffentlichen und privaten Bildungseinrichtungen zielorientiert unterstützen. Dieses Buch beinhaltet deshalb zehn beispielhafte Klausuren mit den entsprechenden Lösungsvorschlägen. Es ist inhaltlich ausgerichtet auf das Lehrbuch:

Torsten Mindermann/Gerrit Brösel,
Buchführung und Jahresabschlusserstellung,
Band 1: Das Lehrbuch,
3. Auflage, Norderstedt 2010.

Die **Lösungen** des vorliegenden Übungsbuches haben wir – um die Versuchung des vorzeitigen Nachschlagens zu vermindern – nicht im unmittelbaren Anschluss an die Fragestellungen/Klausuraufgaben abgedruckt, sondern in einen selbständigen Lösungsabschnitt im hinteren Teil des Buches integriert. Zugelassene Hilfsmittel für Ihre Klausurvorbereitung sollten – wie in der klassischen Prüfung – lediglich ein nicht programmierbarer Taschenrechner, Schreibzeug sowie gegebenenfalls ein Maskottchen sein. Versuchen Sie also, die Prüfungssituation weitgehend äquivalent zu simulieren.

Um eine bessere Selbsteinschätzung des Standes Ihrer Prüfungsvorbereitung zu ermöglichen, ist bei jeder Aufgabe die **erreichbare Punktzahl** angegeben. Die auf der folgenden Seite abgedruckten Punktskalen sollen Ihnen eine Notenberechnung ermöglichen. Beachten Sie, dass es an unterschiedlichen Bildungseinrichtungen abweichende Punktskalen geben kann. Bedenken Sie zudem, dass je Minute Bearbeitungszeit im Durchschnitt ein Punkt erzielt werden kann. So werden beispielsweise bei einer Klausur mit einer Bearbeitungszeit von 90 Minuten maximal 90 Punkte vergeben.

Für die sorgfältige Durchsicht des Manuskriptes gilt Frau Dipl.-Kffr. *SABINE PLAUMANN* und Herrn Dipl.-Kfm. *SVEN MÜLLER* unser **herzlicher Dank**. **Kritik und Verbesserungsvorschläge** sind jederzeit (z. B. per elektronischer Post an torsten.mindermann@uni-greifswald.de oder gbroesel@web.de) gern willkommen.

Greifswald und Ilmenau, im Sommer 2010   *TORSTEN MINDERMANN*
                                                                                 GERRIT BRÖSEL

Beispielhafte Punktskalen zur Notenberechnung

Noten \ Erreichbare Gesamtpunktzahl	60	90
4,0	ab 30,0	ab 45,0
3,7	ab 35,0	ab 52,5
3,3	ab 37,5	ab 56,0
3,0	ab 40,0	ab 60,0
2,7	ab 42,5	ab 63,5
2,3	ab 45,0	ab 67,5
2,0	ab 47,5	ab 71,0
1,7	ab 50,0	ab 75,0
1,3	ab 52,5	ab 78,5
1,0	ab 55,0	ab 82,5

Inhaltsverzeichnis

	Seite
Vorwort	V
Beispielhafte Punktskalen zur Notenberechnung	VI
Abkürzungsverzeichnis	IX

Übungsklausuren 1

Aufgaben der Klausur 1	3
Aufgaben der Klausur 2	8
Aufgaben der Klausur 3	11
Aufgaben der Klausur 4	15
Aufgaben der Klausur 5	19
Aufgaben der Klausur 6	23
Aufgaben der Klausur 7	30
Aufgaben der Klausur 8	34
Aufgaben der Klausur 9	39
Aufgaben der Klausur 10	44

Lösungsvorschläge zu den Übungsklausuren 49

Lösungsvorschläge zur Klausur 1	51
Lösungsvorschläge zur Klausur 2	57
Lösungsvorschläge zur Klausur 3	60
Lösungsvorschläge zur Klausur 4	65
Lösungsvorschläge zur Klausur 5	70
Lösungsvorschläge zur Klausur 6	74
Lösungsvorschläge zur Klausur 7	80
Lösungsvorschläge zur Klausur 8	84
Lösungsvorschläge zur Klausur 9	88
Lösungsvorschläge zur Klausur 10	93

Abkürzungsverzeichnis

a.	= aus
AB	= Anfangsbestand
Abs.	= Absatz
Abschr.	= Abschreibungen
AfA	= Absetzung für Abnutzung
AfB	= Aufwendungen für Betriebsstoffe
AfH	= Aufwendungen für Hilfsstoffe
AfR	= Aufwendungen für Rohstoffe
AG	= Arbeitgeber
AK	= Anschaffungskosten
aLuL	= aus Lieferungen und Leistungen
AN	= Arbeitnehmer
Anl.-Abg.	= Anlage(n)abgänge
AO	= Abgabenordnung
ARAP	= aktiver Rechnungsabgrenzungsposten
Aufw.	= Aufwendungen
AV	= Anlagevermögen
BG	= Buchgewinn
BGA	= Betriebs- und Geschäftsausstattung
BV	= Bestandsveränderung bzw. Buchverlust
bzw.	= beziehungsweise
d. h.	= das heißt
EBK	= Eröffnungsbilanzkonto
EK	= Eigenkapital
erhalt.	= erhaltene
Ertr.	= Erträge
Erz.	= Erzeugnisse
EUR; €	= Währung „Euro"
FB	= Finanzbehörden
FE	= fertige Erzeugnisse
Ford.	= Forderungen
Geb.	= Gebäude
Gew.	= Gewinne bzw. gewährte
GewSt	= Gewerbesteuer
gg.	= gegen
ggü.	= gegenüber
GKR	= Gemeinschaftskontenrahmen der Industrie
GoB	= Grundsätze ordnungsmäßiger Buchführung
GuV	= Gewinn- und Verlustrechnung bzw. Gewinn und Verlust

H	= Haben
HGB	= Handelsgesetzbuch
HK	= Herstellungskosten
i. d. R.	= in der Regel
i. H. v.	= in Höhe von
IKR	= Industriekontenrahmen
K	= Konto
Kfz	= Kraftfahrzeug
KSt	= Körperschaftsteuer
Masch.	= Maschine
ND	= Nutzungsdauer
OHG	= offene Handelsgesellschaft
p. a.	= per annum
per.-fr.	= periodenfremd
PRAP	= passiver Rechnungsabgrenzungsposten
Privatentn.	= Privatentnahme
PWB	= Pauschalwertberichtigung
RBW	= Restbuchwert
RHB	= Roh-, Hilfs- und Betriebsstoffe
S	= Soll
s. b.	= sonstige betriebliche
SBK	= Schlussbilanzkonto
Sk.	= Skonto/Skonti
sonst.	= sonstige
StB	= Steuerberater
SV	= Sozialversicherung bzw. Sozialversicherungsträger
u.	= und
UE	= Umsatzerlöse
unf.	= unfertige
ursprüngl.	= ursprünglich
USt	= Umsatzsteuer
v.G.u.s.L.	= von Gegenständen und sonstigen Leistungen
Verb.	= Verbindlichkeiten
Verl.	= Verluste
VSt	= Vorsteuer
W.-Eink.	= Wareneinkauf
W.-Verk.	= Warenverkauf
z. B.	= zum Beispiel
zweifelh.	= zweifelhafte
zzgl.	= zuzüglich

Übungsklausuren

zugelassene Hilfsmittel:
nicht programmierbarer Taschenrechner

grundsätzlich gilt nachfolgend zur Orientierung:
Bearbeitungszeit je Punkt eine Minute

Berücksichtigen Sie für alle Aufgaben der Klausuren – soweit erforderlich und soweit nicht explizit darauf verwiesen wird, die Umsatzsteuer unberücksichtigt zu lassen – einen Umsatzsteuersatz in Höhe von 19% (ausnahmsweise auch, wenn es sich um Lebensmittel handelt).
Der Bilanzstichtag sei jeweils der 31.12.
Latente Steuern sind nicht zu bilden.

Aufgaben der Klausur 1

Bearbeitungszeit:	90 Minuten
Erreichte Gesamtpunktzahl:	… Punkte von 90 Punkten

Aufgabe 1 der Klausur 1:	10 Punkte	

Nennen und erläutern Sie die Grundsätze der Belegbehandlung!

Aufgabe 2 der Klausur 1:	10 Punkte	

Kreuzen Sie an, ob es sich bei den folgenden Geschäftsvorfällen um einen Aktivtausch, einen Passivtausch, eine Aktiv-Passiv-Mehrung oder eine Aktiv-Passiv-Minderung handelt. Die Umsatzsteuer ist nicht zu berücksichtigen. *Annahme:* Erfolgswirksame Aspekte werden über das Eigenkapital verbucht. *Bitte beachten Sie:* Falsches Ankreuzen führt zu einem Punkt Abzug.

		Aktiv-tausch	Passiv-tausch	Aktiv-Passiv-Mehrung	Aktiv-Passiv-Minderung
1.	Bestandsminderung bei fertigen Erzeugnissen				
2.	Skontoabzug auf Ausgangsrechnung				
3.	Buchgewinn beim Verkauf eines voll abgeschriebenen Computers				
4.	Auslieferung von voll vorausbezahlten fertigen Erzeugnissen				
5.	Barzahlung der Transportversicherung einer Rohstofflieferung				
6.	Begleichung einer offenen Lieferantenrechnung durch Banküberweisung				
7.	Überweisung des Arbeitnehmeranteils zur Sozialversicherung				
8.	Unsere Banküberweisung für Miete				
9.	Zielverkauf von Waren				
10.	Kauf einer Maschine auf Ziel				

Aufgabe 3 der Klausur 1: 10 Punkte

Gegeben sei folgendes Eröffnungsbilanzkonto (EBK). Welche Fehler können Sie erkennen? Geben Sie eine kurze Erläuterung der Fehler.

Haben	EBK vom 31. Dezember 01		Soll
Eigenkapital	250.000,00 €	Verbindlichkeiten	90.000,00 €
Verbindlichkeiten	28.000,00 €	Bank	80.000,00 €
Fuhrpark	23.000,00 €	Rückstellungen	29.000,00 €
ARAP	15.000,00 $	PRAP	7.000,00 €
Forderungen	20.000,00 €	Warenverkauf	13.000,00 €
	336.000,00 €		219.000,00 €

Aufgabe 4 der Klausur 1: 20 Punkte

Bilden Sie die Buchungssätze zu den folgenden Geschäftsvorfällen. Geben Sie – falls nötig – auch die Buchungen im Vor- bzw. Folgejahr an.

a) Wir bezahlen die Miete i. H. v. 600,00 EUR netto für die Geschäftsräume am 26.09.01 durch Banküberweisung für den Zeitraum vom 01.10.01 bis 31.03.02 im Voraus. **(2 ½ Punkte)**

b) Ein Darlehensschuldner überweist uns die nachträglich zu zahlenden Jahreszinsen i. H. v. 1.200,00 EUR für die Zeit vom 01.05.02 bis 30.04.03 am 05.05.03 per Banküberweisung. **(2 ½ Punkte)**

c) Wir kaufen Waren auf Ziel für netto 20.000,00 EUR zzgl. USt. Unser Lieferant gewährt uns 10% Rabatt auf den Nettowarenwert. **(1 ½ Punkte)**

d) Wir verkaufen eine Schreibmaschine (Buchwert 1.000,00 EUR) für brutto 1.785,00 EUR bar an einen Bekannten. **(2 Punkte)**

e) Wir verkaufen Waren auf Ziel für netto 32.000,00 EUR zzgl. USt. Eine Woche später überweist der Kunde den Rechnungsbetrag abzüglich 2% Skonto! **(3 ½ Punkte)**

f) Wir rechnen am Ende des Jahres 02 für das abgelaufene Jahr mit einer Gewerbesteuernachzahlung i. H. v. 2.000,00 EUR. **(1 Punkt)**

g) Die vierteljährlichen Darlehenszinsen für die Monate „Dezember 01", „Januar 02" und „Februar 02" i. H. v. insgesamt 270,00 EUR werden von uns im März 02 durch Banküberweisung beglichen. **(2 ½ Punkte)**

h) Am 29.11.02 haben wir die Feuerversicherungsprämie i. H. v. 500,00 EUR für unser privates Mietwohngrundstück für die Zeit vom 01.12.02 bis 30.11.03 vom betrieblichen Bankkonto überwiesen. **(1 Punkt)**

i) Unser Mieter überweist uns bereits am 26.12.02 die Januarmiete 03 i. H. v. 1.000,00 EUR (netto = brutto). **(2 Punkte)**

j) Wir kaufen eine Maschine für 4.800,00 EUR (netto) auf Ziel, die Verpackungs- und Transportkosten betragen insgesamt 200,00 EUR (netto). Bitte keine Abschreibungen buchen! **(1 ½ Punkte)**

| Aufgabe 5 der Klausur 1: | 10 Punkte | |

Sind die Aussagen richtig oder falsch? *Bitte beachten Sie:* Falsches Ankreuzen führt zu einem Punkt Abzug.

		richtig	falsch
1.	Bestandskonten erfassen lediglich Stromgrößen.		
2.	Erfolgskonten kennen keinen Anfangsbestand.		
3.	Bestandskonten werden über das GuV-Konto abgeschlossen.		
4.	Erfolgskonten sind Unterkonten des Eigenkapitalkontos.		
5.	Aufwandskonten weisen im Allgemeinen einen Saldo auf der Habenseite auf.		
6.	Buchungen auf Erfolgskonten verändern das Eigenkapital mittelbar.		
7.	Erfolgskonten können in der Schlussbilanz erscheinen.		
8.	Für Erfolgskonten gilt die Kontengleichung: Anfangsbestand + Zugang = Minderungen + Endbestand.		
9.	Werden Aufwendungen und Erträge auf einem Erfolgskonto gebucht, ist das Gegenkonto grundsätzlich ein Bestandskonto.		
10.	Ertragskonten werden im Laufe des Geschäftsjahres niemals im Soll gebucht.		

Aufgabe 6 der Klausur 1:   20 Punkte

Berichtigen Sie die gegebenenfalls falschen und ergänzen die gegebenenfalls in der Buchhaltung fehlenden Buchungssätze zum 31.12.01. Geben Sie die damit verbundenen Erfolgsauswirkungen für das Jahr 01 an. **(je Teilaufgabe 5 Punkte)**

a) Brause bezahlt am 12.12.01 die Miete für die Büroräume seines Unternehmens für den laufenden Monat privat. Die Rechnung beträgt 300 EUR zuzüglich offen ausgewiesener 57 EUR USt. Brause bucht:

     Mietaufwand   357   an   Kasse   357

b) Brause verkauft in 01 seine vollständig abgeschriebene Maschine für brutto 1.785 EUR (der Käufer überweist den Betrag sofort auf Brauses Konto) und bucht:

     Bank   1.785   an   Maschine   1.500
                                                      USt   285

c) Brause überweist die Büromiete für Januar 01 i. H. v. 2.380 EUR (brutto) im Januar vom Konto des Unternehmens und bucht:

     Gebäude   2.380   an   Mietaufwand   2.380

d) Brause erwirbt am 02.01.01 eine Maschine mit dreijähriger Nutzungsdauer. Der Nettokaufpreis der Maschine beträgt 9.600 EUR, für die Montage der Maschine fallen noch 400 EUR an. Darüber hinaus ist in der Rechnung Umsatzsteuer i. H. v. 1.900 EUR offen ausgewiesen. Er bucht bei Erhalt der Rechnung, die er sofort überweist:

     Maschine   9.600
     Montageaufwand   400
     VSt   1.900   an   Bank   11.900

Weitere Buchungen finden sich im Hinblick auf diese Maschine nicht in der Buchhaltung von Brause.

Aufgaben der Klausur 1

| Aufgabe 7 der Klausur 1: | 10 Punkte | |

Vervollständigen Sie die folgende Tabelle:

Stufe bzw. Phase	Rechnung EUR	USt (Traglast) EUR	VSt-Abzug EUR	USt-Schuld (Zahllast) EUR	Wert-schöpfung EUR
A Urerzeuger	Nettopreis 100,00 + USt 19,00 = Verkaufspreis 119,00				
B Weiterverarbeiter	Nettopreis 250,00 + USt = Verkaufspreis				
C Großhändler	Nettopreis 320,00 + USt = Verkaufspreis				
D Einzelhändler	Nettopreis + USt = Verkaufspreis 476,00				

Aufgaben der Klausur 2

Bearbeitungszeit:	60 Minuten
Erreichte Gesamtpunktzahl:	... Punkte von 60 Punkten

Aufgabe 1 der Klausur 2:	10 Punkte	

Nennen und erläutern Sie die Inventurverfahren, die sich auf den Zeitpunkt der Inventurdurchführung beziehen!

Aufgabe 2 der Klausur 2:	50 Punkte	

Folgende Konten (hier alphabetisch geordnet) stehen Ihnen gemäß dem Kontenplan des Unternehmens für diese Aufgabe zur Verfügung:

Abschreibungen auf Forderungen; **A**ktiver Rechnungsabgrenzungsposten (ARAP); **A**rbeitgebersozialversicherungsaufwand (Arbeitgeber-SV-Aufwand); **B**ank; **B**ankdarlehen; **D**arlehen; (personenspezifische) **E**igenkapitalkonten; **E**ntnahme von Gegenständen und sonstigen Leistungen (Entnahme v.G.u.s.L.); **E**rlösberichtigung/gewährte Skonti; **E**röffnungsbilanzkonto (EBK); **F**orderungen aus Lieferungen und Leistungen; **F**uhrpark; **K**asse; **M**ietaufwand; **M**ietertrag; **P**assiver Rechnungsabgrenzungsposten (PRAP); **P**auschalwertberichtigung (PWB); **P**ersonalaufwand; (personenspezifische) **P**rivatentnahme; **R**ückstellungen; **S**onstiger betrieblicher Aufwand; **S**onstiger betrieblicher Ertrag; **S**onstige Forderungen; **S**onstige Verbindlichkeiten; **U**msatzsteuer; **V**erbindlichkeiten aus Lieferungen und Leistungen; **V**erbindlichkeiten gegenüber dem Finanzamt (FB-Verbindlichkeiten); **V**erbindlichkeiten gegenüber Sozialversicherungsträgern (SV-Verbindlichkeiten); **V**erluste aus Anlagenabgängen; **V**orsteuer; **W**arenaufwand; **W**aren/Wareneinkauf; **W**arenverkauf/Umsatzerlöse; **Z**insaufwand; **Z**insertrag; **Z**weifelhafte Forderungen.

a) Simon Peters plant die Eröffnung eines Tee-Punktes. Er kann seinen Freund Flik überreden, dass dieser mit ihm die Selbständigkeit wagt. Sie gründen eine OHG. Zur Eröffnung bringt Peters Bargeld in Höhe von 1.000 EUR und Forderungen, die er gegen seine Putzfrau Lala in Höhe von 2.000 EUR hat (weil er ihren Flug nach Kroatien bezahlt hat), ein. Flik stellt Bargeld in Höhe von 2.000 EUR sowie ein Fahrzeug im Wert von 7.000 EUR zur Verfügung. Flik überredet seine Freundin Daniela, ihnen ein Darlehen in Höhe von

10.000 EUR zu gewähren. Den Betrag überweist sie den Gründern vor Geschäftseröffnung auf deren soeben eingerichtetes Konto bei deren Hausbank. Erstellen Sie die Eröffnungsbilanz der „Peters & Flik Tee-Punkt OHG" zum 01.05.07! Führen Sie die Buchungen für alle Anfangsbestände durch! **(15 Punkte)**

Buchen Sie die nachfolgenden Geschäftsvorfälle, welche aus den zahlreichen Geschäftsvorfällen des Unternehmens ausgewählt wurden!

b) Die OHG kauft Teebeutel zu einem Nettopreis von 2.000 EUR auf Ziel. **(2 Punkte)**

c) Es wird ein Bankdarlehen in Höhe von 30.000 EUR aufgenommen. Der Darlehensbetrag wird dem Geschäftskonto gutgeschrieben. **(1 Punkt)**

d) Lala begleicht ihre Forderungen in voller Höhe per Barzahlung. **(1 Punkt)**

e) Das Geschäft floriert. Die Unternehmer verkaufen Teebeutel für 5.000 EUR netto auf Ziel und gewähren 3% Skonto, wenn der Käufer innerhalb von zehn Tagen zahlt. **(2 Punkte)**

f) Der Kunde aus e) begleicht innerhalb von fünf Tagen durch Banküberweisung und nimmt dabei Skonto in Anspruch. **(3 Punkte)**

g) Peters entdeckt, dass einige Teebeutel der ersten Lieferung bereits überaltert sind. Er sendet die Ware im Wert von 200 EUR nach Absprache mit dem Lieferanten an diesen zurück. **(2 Punkte)**

h) Das Unternehmen erwirbt für 20.000 EUR ein neues Fahrzeug. Das alte Fahrzeug wird durch den Verkäufer für 5.000 EUR in Zahlung genommen. Der Restbetrag wird durch einen Kredit finanziert. *Nachrichtlich:* Bei dieser Teilaufgabe bitte die Umsatzsteuer nicht berücksichtigen. **(3 Punkte)**

i) Die Jungunternehmer mieten zum 01.12.07 einen größeren Tee-Punkt an. Für diesen müssen Sie sofort Miete für zwölf Monate bar bezahlen, was insgesamt 12.000 EUR netto entspricht. *Nachrichtlich:* Bei dieser Teilaufgabe bitte die Umsatzsteuer nicht berücksichtigen. **(2 Punkte)**

j) Peters und Flik werden von einer großen Telefongesellschaft verklagt, weil diese sich im Hinblick auf deren Namensrechte verletzt fühlt. Die Jungunternehmer rechnen damit, dass sie diesen Prozess im nächsten Jahr verlieren und etwa 5.000 EUR Strafe zahlen müssen. **(1 Punkt)**

k) Die Hausbank wird die für dieses Jahr zu berücksichtigenden Darlehenszinsen in Höhe von 500 EUR erst im kommenden Jahr abbuchen. **(1 Punkt)**

l) Die OHG verkauft Waren zu einem Nettopreis von 800 EUR und gewährt dem treuen Kunden zudem einen Rabatt von 10%. **(2 Punkte)**

m) Am Ende des ersten Jahres verzeichnen Peters und Flik einen Bestand der Forderungen aus Lieferungen und Leistungen in Höhe von 119.000 EUR brutto. Von diesen Forderungen erscheinen den Unternehmern drei Forderungen in Höhe von jeweils 2.000 EUR netto zweifelhaft. Sie wissen bereits, dass eine dieser Forderungen endgültig und vollständig ausfällt. Im Hinblick auf die beiden anderen Forderungen rechnen sie mit einem Forderungsausfall von 40% bzw. 70%. Bezüglich der restlichen Forderungen erwarten sie einen branchenüblichen Forderungsausfall in Höhe von 3,5%. **(5 Punkte)**

n) Lala wird als Verkäuferin im Unternehmen angestellt. Im November 07 erhält sie ein Bruttogehalt von 2.000 EUR. Die Steuern (inklusive Solidaritätszuschlag) hierauf betragen insgesamt 299,30 EUR. Zudem wird ihr ein Arbeitnehmeranteil in Höhe von insgesamt 421 EUR abgezogen. Buchen Sie die Gehaltszahlung auf das Konto von Lala im November sowie die Abführung der einbehaltenen Beträge im folgenden Monat. **(5 Punkte)**

o) Flik möchte seine Familie zum Weihnachtsfest mit Tee überraschen und entnimmt dem Unternehmen Ware im Wert von 500 EUR. **(2 Punkte)**

p) Auf dem Vorsteuerkonto ermittelt Peters einen Saldo von 120.000 EUR im Haben und auf dem Umsatzsteuerkonto einen Saldo von 140.000 EUR im Soll. Schließen Sie beide Konten ab. **(2 Punkte)**

q) Im Rahmen der Inventur stellt Flik fest, dass der effektive Warenbestand um 200 EUR geringer ist als der Buchbestand der Waren. **(1 Punkt)**

Aufgaben der Klausur 3

Bearbeitungszeit:	60 Minuten
Erreichte Gesamtpunktzahl:	... Punkte von 60 Punkten

Aufgabe 1 der Klausur 3:	9 Punkte	

Wann sind Bilanzveränderungen erfolgsneutral? Welche Arten von erfolgsneutralen Bilanzveränderungen gibt es? Geben Sie jeweils einen Geschäftsvorfall (keinen Buchungssatz) als Beispiel an.

Aufgabe 2 der Klausur 3:	11 Punkte	

Sind die Aussagen richtig oder falsch? *Bitte beachten Sie:* Falsches Ankreuzen führt zu einem Punkt Abzug.

		richtig	falsch
1.	Durch jeden Buchungssatz werden genau zwei Konten angesprochen.		
2.	In jedem Buchungssatz ist die Summe der im Soll gebuchten Beträge gleich denen, die im Haben gebucht werden.		
3.	Die Einführung des Eröffnungs- und des Schlussbilanzkontos ermöglicht, dass die doppelte Buchhaltung formal auch bei der Übernahme der Anfangs- und Endbestände eingehalten wird.		
4.	Für Bestandskonten gilt die Kontengleichung: Anfangsbestand + Zugang = Minderungen + Endbestand.		
5.	Buchungen auf Erfolgskonten verändern das Eigenkapital erfolgsneutral.		
6.	Erfolgskonten erfassen lediglich Stromgrößen.		
7.	Erfolgskonten werden über das GuV-Konto abgeschlossen.		
8.	Bestandskonten werden über das Schlussbilanzkonto abgeschlossen.		
9.	Erfolgskonten werden über das Schlussbilanzkonto abgeschlossen.		
10.	Das Privatkonto ist ein Unterkonto des Eigenkapitalkontos.		
11.	Privateinlagen werden im Soll gebucht.		

Aufgabe 3 der Klausur 3: 4 Punkte

„Geiz ist für die Endverbraucher geil", denkt sich Willy Brause und wirbt mit einem Werbespruch in Anlehnung an einen bekannten Elektronikfachmarkt: „Beim Kauf von Trainingsanzügen erlasse ich Ihnen die Umsatzsteuer." Daraufhin verkauft er am 16.04.01 einen Trainingsanzug, der ursprünglich mit 178,50 EUR (brutto) ausgepreist war, gegen Barzahlung. Bilden Sie den Buchungssatz. Begründen Sie Ihr Vorgehen!

Aufgabe 4 der Klausur 3: 6 Punkte

Bilden Sie die Buchungssätze zu den folgenden Geschäftsvorfällen. Geben Sie – falls nötig – auch die Buchungen im Vor- bzw. Folgejahr an.

a) Der Mieter eines zum Betriebsvermögen gehörenden Grundstücks überweist am 20.12.01 per Überweisung die vierteljährlich im voraus zu zahlende Miete für die Monate „Dezember", „Januar" und „Februar" in Höhe von insgesamt 45.000 EUR. *Nachrichtlich:* Bei dieser Teilaufgabe bitte die Umsatzsteuer nicht berücksichtigen. **(3 Punkte)**

b) Ein Darlehensschuldner überweist die nachträglich zu zahlenden Jahreszinsen für die Zeit vom 01.05.01 bis zum 30.04.02 am 05.05.02 per Überweisung i. H. v. 3.000 EUR. **(3 Punkte)**

Aufgabe 5 der Klausur 3: 10 Punkte

Kreuzen Sie an, ob es sich bei den folgenden Geschäftsvorfällen um einen Aktivtausch, einen Passivtausch, eine Aktiv-Passiv-Mehrung oder eine Aktiv-Passiv-Minderung handelt. Die Umsatzsteuer ist nicht zu berücksichtigen. *Annahme:* Erfolgswirksame Aspekte werden über das Eigenkapital verbucht. *Bitte beachten Sie:* Falsches Ankreuzen führt zu einem Punkt Abzug.

		Aktivtausch	Passivtausch	Aktiv-Passiv-Mehrung	Aktiv-Passiv-Minderung
1.	Rücksendung von Waren, die auf Ziel gekauft wurden				
2.	Umbuchung der Vorsteuer				

Aufgaben der Klausur 3

		Aktiv-tausch	Passiv-tausch	Aktiv-Passiv-Mehrung	Aktiv-Passiv-Minderung
3.	Kauf einer Maschine auf Ziel				
4.	Verbrauch von Rohstoffen				
5.	Aufnahme eines Darlehens				
6.	Barentnahme des Unternehmers				
7.	periodengerechter Mieteingang auf unserem Bankkonto (auf diesem war bereits ein Guthaben)				
8.	Bestandsmehrung bei unfertigen Erzeugnissen				
9.	Schuldenerlass seitens der Bank				
10.	Bezug vollständig im Voraus bezahlter Betriebsstoffe				

| **Aufgabe 6 der Klausur 3:** | **20 Punkte** | |

Berichtigen Sie die gegebenenfalls falschen und ergänzen die gegebenenfalls in der Buchhaltung fehlenden Buchungssätze zum 31.12.01. Geben Sie die damit verbundenen Erfolgsauswirkungen für das Jahr 01 an.

a) Brause bezahlt am 12.12.01 die geschäftliche Telefonrechnung des Monats November privat. Die Rechnung beträgt 200 EUR zuzüglich offen ausgewiesener 38 EUR USt. Brause bucht: **(4 ½ Punkte)**

    Telefonaufwand   238   an   Verbindlichkeiten   238

b) Am 01.07.01 kauft Brause ein Kopiergerät mit vierjähriger Nutzungsdauer. Die Rechnung beträgt 2.000 EUR zuzüglich offen ausgewiesener USt i. H. v. 380 EUR. Brause überweist noch am 01.07.01 einen Teilbetrag i. H. v. 1.800 EUR und bucht:

    Büroaufwand   1.800   an   Bank   1.800

Den Restbetrag i. H. v. 580 EUR zahlt er eine Woche später bei einem persönlichen Besuch aus privaten Mitteln und lässt diesen Vorgang in der Buchhaltung unberücksichtigt. **(6 ½ Punkte)**

c) Für sein betriebliches Lager zahlt Brause bereits im November 01 die Dezembermiete 01 und die Januarmiete 02 i. H. v. insgesamt 1.000 EUR. Umsatzsteuer wird in der Rechnung nicht ausgewiesen (brutto = netto). Buchung: **(4 ½ Punkte)**

    Mietaufwand   1.000   an Bank   1.000

d) Eine Beratungsgesellschaft hat im Jahr 00 die Buchführungsabläufe in Brauses Unternehmen verbessert. Zum 31.12.00 wurde für diese Leistungen durch Brause eine Rückstellung i. H. v. 5.000 EUR gebildet. Die Rechnung der Beratungsgesellschaft ging am 28.11.01 ein und ergibt einen Nettobetrag von 5.500 EUR zuzüglich 1.045 EUR offen ausgewiesener USt. Die Rechnung wurde durch Brause noch im Dezember 01 vom Geschäftskonto überwiesen. In der Bilanz zum 31.12.01 wird die Rückstellung für 00 weiterhin mit 5.000 EUR ausgewiesen. **(4 ½ Punkte)**

Aufgaben der Klausur 4

Bearbeitungszeit:	90 Minuten
Erreichte Gesamtpunktzahl:	... Punkte von 90 Punkten

Aufgabe 1 der Klausur 4:	3 Punkte	

Erläutern Sie, was unter einer Stichprobeninventur zu verstehen ist!

Aufgabe 2 der Klausur 4:	16 Punkte	

Richtig oder falsch? *Bitte beachten Sie:* Falsches Ankreuzen führt zu einem Punkt Abzug.

		richtig	falsch
1.	Privateinlagen und Privatentnahmen sind erfolgswirksam.		
2.	Das Privatkonto wird über das Schlussbilanzkonto abgeschlossen.		
3.	Privatentnahmen werden im Haben gebucht.		
4.	Die Verbuchung des Warenverkaufs erfolgt zu Verkaufspreisen auf dem Konto „Warenverkauf".		
5.	Beim Abschluss des Kontos „Wareneinkauf" nach der Bruttomethode lautet der Buchungssatz: „Warenverkauf an Wareneinkauf".		
6.	Das Konto „Wareneinkauf" ist kein reines Aufwandskonto.		
7.	Das Konto „Wareneinkauf" ist ein „gemischtes Konto".		
8.	Beim Abschluss des Kontos „Wareneinkauf" nach der Bruttomethode lautet der Buchungssatz: „GuV-Konto an Wareneinkauf".		
9.	Lieferantenskonti bzw. erhaltene Skonti werden über das Konto „Warenverkauf" abgeschlossen.		
10.	Kundenskonti bzw. gewährte Skonti werden über das Konto „Warenverkauf" abgeschlossen.		
11.	Aktive Rechnungsabgrenzungsposten werden für Ausgaben des laufenden Geschäftsjahres gebildet, die erst im nächsten Geschäftsjahr Aufwand darstellen.		
12.	Aktive Rechnungsabgrenzungsposten werden für Aufwendungen des laufenden Geschäftsjahres gebildet, die erst Ausgaben im nächsten Geschäftsjahr darstellen.		
13.	Rückstellungen gehören zum Eigenkapital.		
14.	Rücklagen gehören zum Eigenkapital.		
15.	Rückstellungen werden über das GuV-Konto abgeschlossen.		
16.	Rückstellungen werden über das SBK abgeschlossen.		

| Aufgabe 3 der Klausur 4: | 10 Punkte |

Geben Sie bitte jeweils einen Geschäftsvorfall mit Buchungssatz für die folgenden Sachverhalte an!

a) Einnahme laufende Periode, Ertrag früher.
b) Einnahme laufende Periode, Ertrag nie.
c) Aufwand laufende Periode, Ausgabe später.
d) Ausgabe laufende Periode, Aufwand später.
e) Ausgabe laufende Periode, Aufwand nie.

| Aufgabe 4 der Klausur 4: | 13 Punkte |

Berichtigen Sie die gegebenenfalls falschen und ergänzen die gegebenenfalls in der Buchhaltung fehlenden Buchungssätze zum 31.12.01. Geben Sie die damit verbundenen Erfolgsauswirkungen für das Jahr 01 an.

a) Brause verkauft sein voll abgeschriebenes Unternehmens-Kfz für brutto 1.190 EUR gegen Überweisung und bucht: **(4 Punkte)**

    Bank   1.190   an   Fuhrpark   1.000
                                                        USt   190

b) Brause zahlt die Büromiete für Januar 01 i. H. v. 1.190 EUR brutto und bucht: **(4 ½ Punkte)**

    Gebäude   1.000   an   Bank   1.000

c) Brause erwirbt am 02.01.01 eine Maschine mit dreijähriger Nutzungsdauer. Der Nettopreis für die Maschine beträgt 4.800 EUR, für die Montage der Maschine fallen noch 200 EUR an. Insgesamt werden 950 EUR USt offen ausgewiesen. Brause bucht: **(4 ½ Punkte)**

    Maschine   4.800
    Montageaufwand   200
    VSt   950   an   Bank   5.950

Aufgabe 5 der Klausur 4: | 8 Punkte

Bilden Sie die Buchungssätze für nachfolgende Geschäftsvorfälle!

a) Wir entnehmen Geld aus der Kasse für private Zwecke.   300

b) Wir heben Geld für private Zwecke bei der Bank ab.   200

c) Wir bezahlen die Kfz-Steuer für unseren Privatwagen durch Banküberweisung vom Konto des Unternehmens.   400

d) Wir entnehmen aus dem Lager zwei Flaschen Whisky (netto).   100

e) Wir schenken einem guten Freund ein bisher betriebseigenes Kfz.
Gemäß Gutachten hatte der Wagen einen Wert von: 5.000
Der Buchwert beträgt: 4.000

f) Nach einem Lottogewinn legen wir diesen in die Kasse ein.   4.000

Aufgabe 6 der Klausur 4: | 12 Punkte

a) Erläutern Sie ausführlich, welche Schritte erforderlich sind, um Bestandskonten abzuschließen!

b) Was wird unter Erfolgskonten verstanden?

c) Wann ist eine Bilanzveränderung erfolgsneutral?

Aufgabe 7 der Klausur 4: | 8 Punkte

Willy Brause hat im Jahresabschluss unter der Bilanzposition „Forderungen" einen Betrag von 89.250 EUR ausgewiesen. Im Gesamtbetrag der Forderungen ist eine Forderung des Kunden Karl Krause i. H. v. 17.850 EUR enthalten. Krause ist seit längeren in Liquiditätsnöten. Unter Berücksichtigung der gebotenen vorsichtigen Beurteilung gemäß kaufmännischer Sichtweise erscheint ein Forderungsausfall i. H. v. 40% als wahrscheinlich. Erfahrungsgemäß ist bei nicht einzelwertberichtigten Forderungen mit einem Ausfall von 3% zu rechnen. Eine Pauschalwertberichtigung wurde bisher nicht gebildet.

Wie sind die Forderungen im Abschluss von Willy Brause zu bewerten? Geben Sie die Buchungssätze an!

Aufgabe 8 der Klausur 4:   10 Punkte

a) Geben Sie ein Beispiel für betriebsbedingten Aufwand und ein Beispiel für neutrale Erträge an.

b) Geben Sie an, ob es sich um einen betriebsbedingten Aufwand, einen betriebsbedingten Ertrag, einen neutralen Aufwand oder einen neutralen Ertrag handelt:
- Bank belastet Stückzinsen
- Kursverlust von Aktien
- Einsatz von Rohstoffen
- Gewerbesteuerrückerstattung
- Verkauf von fertigen Erzeugnissen
- Weiterbelastung von Wechseldiskont

c) Wie sind das „ordentliche" Betriebsergebnis, das „ordentliche" Finanzergebnis und das „außerordentliche" Ergebnis sowie der Gesamterfolg der Periode definiert?

Aufgabe 9 der Klausur 4:   10 Punkte

Am 01.07.06 verkauft der Unternehmer Willy Brause eine Maschine, die im Januar 03 für 300.000 EUR angeschafft wurde. Die Nutzungsdauer der Maschine wurde auf fünf Jahre geschätzt. Der Nettoverkaufserlös beträgt 55.000 EUR.

a) Wie lauten die Buchungen im Jahr 06 (Nettomethode)?

b) Wie lautet die Buchung des Verkaufs (Nettomethode) im Jahr 06, falls der Nettoverkaufserlös 98.000 EUR beträgt?

Aufgaben der Klausur 5

Bearbeitungszeit:	90 Minuten
Erreichte Gesamtpunktzahl:	… Punkte von 90 Punkten

Aufgabe 1 der Klausur 5:	14 Punkte	

a) Stellen Sie kurz den Unterschied zwischen einem Kontenplan und einem Kontenrahmen in insgesamt zwei Sätzen dar! **(4 Punkte)**

b) Was bedeuten die Abkürzungen „IKR" und „GKR"? Nach welchem Schema ist der IKR und nach welchem der GKR aufgebaut? **(6 Punkte)**

c) Worüber informiert die Aktivseite und worüber die Passivseite der Bilanz? **(4 Punkte)**

Aufgabe 2 der Klausur 5:	10 Punkte	

Sind die Aussagen richtig oder falsch? *Bitte beachten Sie:* Falsches Ankreuzen führt zu einem Punkt Abzug.

		richtig	falsch
1.	Privateinlagen und Privatentnahmen verändern das Eigenkapital.		
2.	Privateinlagen werden im Haben gebucht.		
3.	Privatentnahmen werden im Soll gebucht.		
4.	Die Verbuchung des Warenverkaufs erfolgt zu Anschaffungskosten auf dem Konto „Warenverkauf".		
5.	Wird der Wareneinsatz parallel zum Warenverkauf gebucht, ist am Jahresende der rechnerische Endbestand immer gleich dem tatsächlichen Endbestand.		
6.	Das Konto „Wareneinkauf" ist ein reines Bestandskonto.		
7.	Beim Abschluss des Kontos „Wareneinkauf" nach der Nettomethode lautet der Buchungssatz: „Warenverkauf an Wareneinkauf".		
8.	Beim Abschluss des Kontos „Wareneinkauf" nach der Nettomethode lautet der Buchungssatz: „GuV-Konto an Wareneinkauf".		
9.	Lieferantenskonti bzw. erhaltene Skonti werden über das Konto „Wareneinkauf" abgeschlossen.		
10.	Kundenskonti bzw. gewährte Skonti werden über das Konto „Wareneinkauf" abgeschlossen.		

Aufgabe 3 der Klausur 5: | 12 Punkte

Welche Geschäftsvorfälle bzw. Abschlussbuchungen liegen den folgenden Buchungssätzen zugrunde?

a) Wareneinkauf
   VSt   an   Verbindlichkeiten

b) USt   an   VSt

c) Verb.   an   Darlehen

d) GewSt   an   Rückstellungen

e) USt   an   Bank

f) Aufw. für Rohstoffe   an   Rohstoffe

g) Gehälter   an   Bank
                                   Verbindlichkeiten ggü. FB
                                   Verbindlichkeiten ggü. SV-Träger

h) Abschreibung   an   Fuhrpark

Aufgabe 4 der Klausur 5: | 37 Punkte

Der Unternehmer Willy Brause hat zum 31.12. des Jahres die in nachfolgend dargestellter Hauptabschlussübersicht zu findende Summenbilanz erstellt. Darüber hinaus hat er noch die folgenden Abschlussangaben in dieser Übersicht zu berücksichtigen:

Lineare Abschreibung auf Gebäude (AK: 400.000 EUR, ND: 50 Jahre)
Degressive Abschreibung auf Maschinen (Abschreibungssatz 10%)
Degressive Abschreibung auf BGA (Abschreibungssatz 10%)

Abschreibung auf Forderungen	5.500 EUR
Aktive Rechnungsabgrenzung von Mietaufwendungen	500 EUR
Passive Rechnungsabgrenzung von Mieterträgen	600 EUR
Sonstige Forderungen für noch gutzuschreibende Zinserträge	150 EUR
Sonstige Verbindlichkeiten für rückständige Zinsaufwendungen	200 EUR
Bildung einer Rückstellung für unterlassene Reparaturen	2.500 EUR
Inventurbestand Rohstoffe	74.000 EUR
Inventurbestand Fertige Erzeugnisse	9.750 EUR

Aufgaben der Klausur 5

Geben Sie die abschlussvorbereitenden Buchungen innerhalb der Spalte „Umbuchungen" an! Vervollständigen Sie zudem die Hauptabschlussübersicht!

	Summenbilanz Soll	Summenbilanz Haben	Saldenbilanz I Soll	Saldenbilanz I Haben	Umbuchungen Soll	Umbuchungen Haben	Saldenbilanz II Soll	Saldenbilanz II Haben	Abschlussbilanz Aktiva	Abschlussbilanz Passiva	Erfolgsbilanz Aufwand	Erfolgsbilanz Ertrag
Gebäude	400.000											
Maschinen	350.000											
BGA	150.000											
Kasse	47.800	41.150										
Bank	700.000	660.000										
Rohstoffe	200.000	125.000										
Fertige Erzeugnisse	40.000	30.000										
Forderungen aLuL	600.000	490.000										
Zweifelhafte Ford.	15.000											
Sonstige Forderungen	10.000											
Vorsteuer	26.100	6.000										
ARAP												
Eigenkapital		652.650										
Privat	10.000											
Rückstellungen	4.000	25.000										
Bankdarlehen	25.000	125.000										
Verbindlichkeiten aLuL	405.000	480.000										
Umsatzsteuer		41.200										
Sonstige Verb.		5.000										
PRAP												
Umsatzerlöse		1.200.000										
Zinsertrag		10.000										
Mietertrag		9.000										
Löhne und Gehälter	747.500											
Arbeitgeberanteile	99.500											
Abschr. auf Anlagen												
Abschr. auf Ford.												
Zinsaufwand	5.000											
Mietaufwand	12.000											
Sonstige Aufwendungen												
Aufwendungen für Rohst.												
Bestandsveränderungen	53.100											
	3.900.000	3.900.000										

| Aufgabe 5 der Klausur 5: | 17 Punkte | |

a) Welche drei Grundtypen von Forderungen lassen sich im Hinblick auf deren bilanzielle Bewertung unterscheiden? Wie sind diese zu bewerten?

b) Was wird unter „indirekter Abschreibung" von Forderungen verstanden?

c) Nennen und erläutern Sie vier Grundsätze ordnungsmäßiger Buchführung!

d) Erläutern Sie, wie Anlage- und Umlaufvermögen unterschieden werden!

Aufgaben der Klausur 6

Bearbeitungszeit:	90 Minuten
Erreichte Gesamtpunktzahl:	… Punkte von 90 Punkten

Aufgabe 1 der Klausur 6:	11 Punkte	

Welche Geschäftsvorfälle bzw. Abschlussbuchungen liegen den folgenden Buchungssätzen zugrunde?

a)   Bank   an   Zinsertrag
       Zinsertrag   an   PRAP

b)   Forderungen   an   Warenverkauf
       USt

c)   Kasse   an   Privat

d)   Bank   an   Maschinen
       USt
       Periodenfremder Ertrag

e)   Privat   an   Entnahme v.G.u.s.L.
       USt

f)   Verb.   an   Bank
       VSt
       Erhaltene Skonti

g)   Warenverkauf   an   Wareneinkauf

Aufgabe 2 der Klausur 6:	10 Punkte	

Sind die Aussagen richtig oder falsch? *Bitte beachten Sie:* Falsches Ankreuzen führt zu einem Punkt Abzug.

		richtig	falsch
1.	Lieferantenskonti bzw. erhaltene Skonti werden wie folgt umgebucht: „Lieferantenskonti an Wareneinkauf".		
2.	Kundenskonti bzw. gewährte Skonti werden wie folgt umgebucht: „Warenverkauf an Kundenskonti".		
3.	Werden Waren vom belieferten Betrieb A an den Lieferanten B zurückgeschickt, dann handelt es sich um einen Ertrag bei B.		

		richtig	falsch
4.	Steigt der Bestand des Lagers der fertigen Erzeugnisse und erfolgt keine ertragswirksame Berücksichtigung, dann wird der Erfolg der Periode zu niedrig ausgewiesen.		
5.	Durch den allgemeinen Buchungssatz „fertige Erzeugnisse an Bestandserhöhung" wird der Ertrag der Periode um den Wert der Lagerbestandszunahme erhöht.		
6.	Im Falle der Lagerbestandsabnahme werden im GuV-Konto auf der Sollseite die Aufwendungen für die produzierten Erzeugnisse der laufenden Periode und der Wert der Bestandsminderungen aufgeführt.		
7.	Abschreibungen werden in der Buchführung von den Wiederbeschaffungskosten vorgenommen, weil in vielen Fällen die Preise der Vermögensgegenstände steigen.		
8.	Wird eine Maschine „frei Haus" geliefert, dann sind diese Aufwendungen als Anschaffungsnebenkosten zu aktivieren.		
9.	Die Aktivierung von Anschaffungskosten erfolgt immer zum Bruttopreis (d. h. inklusive USt).		
10.	Werden beim Erwerb einer Maschine Rabatte gewährt, muss die Aktivierung zum Nettopreis erfolgen, der die Rabatte berücksichtigt.		

Aufgabe 3 der Klausur 6:	15 Punkte	

Vollziehen Sie in den Bilanzen bitte die Veränderungen, welche sich durch die nachfolgenden Geschäftsvorfälle ergeben! Gehen Sie dabei immer von der vorangegangenen Bilanz aus! Umsatzsteuer ist bei dieser Aufgabe nicht zu berücksichtigen.

a) Willy Brause eröffnet sein Unternehmen „Rostbrätelstube" mit einer Bareinlage in Höhe von 2.000 EUR.

Bilanz (a)

b) Willy Brause nimmt bei der attraktiven Sparkassenkauffrau der Sparkasse Ilmenau ein Darlehen in Höhe von 7.000 EUR auf.

Bilanz (b)

Aufgaben der Klausur 6   25

c) Willy Brause kauft sich einen hochmodernen Grill zu einem Preis in Höhe von 3.000 EUR, welchen er sofort per Überweisung bezahlt.

Bilanz (c)
_____|_____
               |
               |
               |

d) Willy Brause kauft Rostbrätel und anderes Grillgut beim Metzger Meier sowie Ketchup und Holzkohle zu einem Preis in Höhe von insgesamt 1.500 EUR und bezahlt bar.

Bilanz (d)
_____|_____
               |
               |
               |

e) Die erste Tilgungsrate seines Darlehens wird fällig. Die Sparkasse belastet Willys Konto in Höhe von 500 EUR.

Bilanz (e)
_____|_____
               |
               |
               |

f) Willy Brause verkauft vor der Mensa der Hochschule Rostbrätel zu einem Preis von insgesamt 500 EUR in bar, wobei der Einkaufspreis der veräußerten Rostbrätel 300 EUR betrug.

Bilanz (f)
_____|_____
               |
               |
               |

Aufgabe 4 der Klausur 6: 54 Punkte

Der Unternehmer Willy Brause hat zu Beginn des Jahres 02 folgende Bestände (alle Angaben in EUR) ermittelt:

Gebäude	80.000	Maschinen	35.000
BGA	15.000	Rohstoffe	21.000
Waren	17.000	Forderungen	18.000
Betriebsstoffe	3.000	Hilfsstoffe	5.000
fertige Erzeugnisse	9.000	unfertige Erzeugnisse	13.000
Bank	32.000	Kasse	47.000
Rückstellung	51.000	Darlehen	100.000
Verbindlichkeiten aLuL	53.000	Sonstige Verbindlichkeiten	12.000
USt	9.000	Eigenkapital	70.000

Geschäftsvorfälle:

1) Wareneinkauf auf Ziel (netto)   10.000
    Bezugskosten (netto)   1.000
2) Warenverkauf auf Ziel (netto) an Kunden Max   40.000
3) Kunde Max sendet 25% der Waren mit Mängelrüge zurück   10.000
4) Zahlung der Gewerbesteuer (GewSt) durch Banküberweisung   12.000
5) Wir überweisen die Januarmiete 03 bereits im Dezember 02 (brutto)   595
6) Wareneinkauf auf Ziel (brutto)   20.825
7) Der Lieferant gewährt uns bei Zahlung einen Bonus (brutto)   952
8) Wir bezahlen die Darlehenszinsen für 02 erst im Januar 03   5.000
9) Einsatz von Rohstoffen per Entnahmeschein   15.000
10) Einsatz von Hilfsstoffen per Entnahmeschein   3.000
11) Wir bezahlen eine Verbindlichkeit durch Banküberweisung   15.000
12) Verkauf von fertigen Erzeugnissen auf Ziel (brutto)   11.900
13) Warenverkauf auf Ziel (brutto)   29.750
14) Der Kunde aus 13) überweist pünktlich und berücksichtigt dabei die von uns gewährten 2% Skonto
15) Barentnahme durch den Unternehmer   2.000
16) Verkauf einer Maschine (Buchwert = 10.000);
    Überweisungsbetrag: 14.280
17) Jahresabschreibung des Gebäudes, linear, ND = 50 Jahre, AK = 100.000

Aufgaben der Klausur 6

Inventurbestände:
18) Warenbestand gemäß Inventur   1.000
19) Bestand an Betriebsstoffen gemäß Inventur   2.000
20) Bestand der fertigen Erzeugnisse gemäß Inventur   1.000
21) Bestand der unfertigen Erzeugnisse gemäß Inventur   25.000
22) Bestand an Hilfsstoffen gemäß Inventur   2.000

Bilden Sie die Buchungssätze, verbuchen Sie die Geschäftsvorfälle und schließen Sie die Konten ab! Die getrennten Warenkonten sind nach dem Bruttoverfahren abzuschließen.

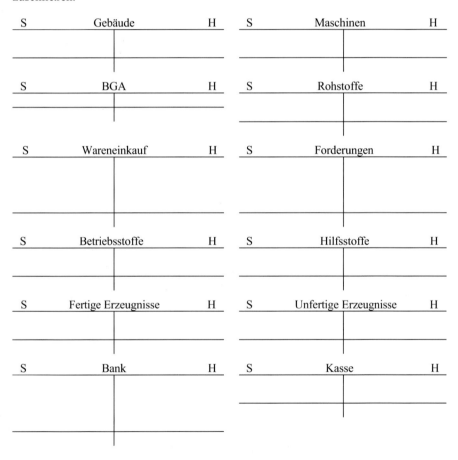

| S | Vorsteuer | H | | S | Umsatzsteuer | H |

| S | Rückstellungen | H | | S | Darlehen | H |

| S | Verb. aLuL | H | | S | Sonstige Verb. | H |

| S | Eigenkapital | H | | S | Warenverkauf | H |

| S | Gewerbesteuer | H | | S | Erhalt. Warenboni | H |

| S | Zinsaufw. | H | | S | Aufw. für Rohstoffe | H |

| S | Aufw. für Hilfsstoffe | H | | S | Aufw. für Betriebsstoffe | H |

| S | Gew. Skonti | H | | S | Privat | H |

| S | ARAP | H | | S | S. b. Erträge | H |

| S | Bezugskosten | H | | S | Abschreibungen | H |

| S   Umsatzerlöse (Fertige Erzeugnisse)   H | S   Bestandsveränderungen   H |

| S   SBK   H | S   GuV-Konto   H |

Aufgaben der Klausur 7

Bearbeitungszeit:	90 Minuten
Erreichte Gesamtpunktzahl:	… Punkte von 90 Punkten

Aufgabe 1 der Klausur 7:	8 Punkte	

Geben Sie bitte jeweils ein Beispiel (Geschäftsvorfall) für die folgenden Sachverhalte an!

a) Ausgabe laufende Periode, Aufwand laufende Periode.
b) Ausgabe laufende Periode, Aufwand früher.
c) Ausgabe laufende Periode, Aufwand später.
d) Ausgabe laufende Periode, Aufwand nie.
e) Ertrag laufende Periode, Einnahme laufende Periode.
f) Ertrag laufende Periode, Einnahme früher.
g) Ertrag laufende Periode, Einnahme später.
h) Ertrag laufende Periode, Einnahme nie.

Aufgabe 2 der Klausur 7:	10 Punkte	

Sind die Aussagen richtig oder falsch? *Bitte beachten Sie:* Falsches Ankreuzen führt zu einem Punkt Abzug.

		richtig	falsch
1.	Lieferantenskonti bzw. erhaltene Skonti werden wie folgt umgebucht: „Wareneinkauf an Lieferantenskonti".		
2.	Kundenskonti bzw. gewährte Skonti werden wie folgt umgebucht: „Kundenskonti an Warenverkauf".		
3.	Bei der Verbuchung von Rücksendungen muss eine Umsatzsteuerkorrektur erfolgen, weil sich die Bemessungsgrundlage für die USt nachträglich geändert hat.		
4.	Ist die produzierte Menge kleiner als die abgesetzte Menge, ergeben sich hieraus nur dann erfolgswirksame Konsequenzen, wenn ein Endbestand zu verzeichnen ist.		
5.	Im Falle der Lagerbestandsabnahme wird auf dem Bestandskonto „fertige Erzeugnisse" eine Buchung auf der Sollseite vorgenommen.		

		richtig	falsch
6.	Durch den allgemeinen Buchungssatz „Bestandserhöhung an fertige Erzeugnisse" wird der Ertrag der Periode um den Wert der Lagerzunahme erhöht.		
7.	Steuerliche und handelsrechtliche Herstellungskosten stimmen immer überein.		
8.	Die Aktivierung von Anschaffungsnebenkosten verfolgt das Ziel einer periodengerechten Gewinnermittlung.		
9.	Die Aktivierung von Anschaffungskosten erfolgt immer zum Nettopreis (d. h. ohne USt).		
10.	Eine Pauschalabschreibung von Forderungen ist üblich, wenn sich der Forderungsbestand aus wenigen Forderungen zusammensetzt, die jeweils einen hohen Betrag aufweisen.		

Aufgabe 3 der Klausur 7:	10 Punkte

Kreuzen Sie an, ob es sich bei den folgenden Geschäftsvorfällen um einen Aktivtausch, einen Passivtausch, eine Aktiv-Passiv-Mehrung oder eine Aktiv-Passiv-Minderung handelt. Die Umsatzsteuer ist nicht zu berücksichtigen. *Annahme:* Erfolgswirksame Aspekte werden über das Eigenkapital verbucht. *Bitte beachten Sie:* Falsches Ankreuzen führt zu einem Punkt Abzug.

		Aktivtausch	Passivtausch	Aktiv-Passiv-Mehrung	Aktiv-Passiv-Minderung
1.	Skontoabzug auf Ausgangsrechnung				
2.	Barentnahme des Unternehmers				
3.	Umbuchung der Vorsteuer				
4.	Banküberweisung an Lieferanten				
5.	Bestandsmehrung bei unfertigen Erzeugnissen				
6.	Unsere Banküberweisung für Miete				
7.	Kauf einer Maschine auf Kredit				
8.	Bezug voll voraus bezahlter Betriebsstoffe				
9.	Verbrauch von Rohstoffen				
10.	Schuldenerlass seitens eines Lieferanten				

| Aufgabe 4 der Klausur 7: | 14 Punkte | |

Unternehmer Willy Brause verkauft eine Maschine für 15.000 EUR zzgl. Umsatzsteuer. Der Restbuchwert der Maschine beträgt
- a) 12.000 EUR bzw.
- b) 18.000 EUR.

Bilden Sie die Buchungssätze nach der „Nettomethode" und der „Bruttomethode"!

| Aufgabe 5 der Klausur 7: | 13 Punkte | |

Geben Sie die Buchungssätze für nachfolgende Geschäftsvorfälle an (alle Angaben in EUR)!

1. Eine fällige Forderung über 5.750,00 wird per Wechsel beglichen.

2. Wir geben den Wechsel zum Diskont; die Bank schreibt uns diesen gemäß folgender Abrechnung gut:

Wechselbetrag	5.750,00
Diskont	86,25
Spesen	2,00
Gutschrift	5.661,75

3. Wir belasten den Bezogenen mit folgender Abrechnung:

Diskont (auf Wechselsumme)	86,25
Spesen (inklusive USt)	11,90
	98,15

4. Der Kunde überweist den Betrag.

5. Wir zahlen per Akzept eine Verbindlichkeit von 1.500,00.

6. Wir werden mit den Wechselkosten belastet:

Diskont	99,00
Spesen (inklusive USt)	23,80
	122,80

7. Wir bezahlen die Wechselkosten.

8. Wir lösen den Schuldwechsel ein.

Aufgabe 6 der Klausur 7: | 35 Punkte

Welche Geschäftsvorfälle bzw. Abschlussbuchungen liegen folgenden Buchungen zugrunde?

1. Wareneinkauf
   VSt an Kasse
   Erhalt. Skonti
2. Verbindlichkeiten an Schuldwechsel
3. Bank an Erlöse aus Anlageabgang (BG)
   USt

   Erlöse a. Anlageabgang (BG) an Maschinen
   Erlöse a. Anlageabgang (BG) an Gew. aus Anlagenabgängen
4. Abschreibungen a. Ford. an Wertberichtigung von Forderungen
5. KSt-Rückstellung an Bank
   S. b. Ertäge
6. Bank an Zinsertrag
   Zinsertrag an PRAP
7. Maschinen an aktivierte Eigenleistungen
8. Kasse
   gewährte Skonti an Warenverkauf
   USt
9. Privat an Entnahme v.G.u.s.L.
   USt
10. AG-Anteil zur SV an Verb. ggü. SV
11. Forderungen gg. Personal an Bank
12. Abschreibung an Gebäude
13. Bank an Forderungen
14. Fuhrpark an Verbindlichkeiten
15. Forderungen an Warenverkauf
    USt
16. USt an Bank
17. Aufw. Betriebsstoffe an Betriebsstoffe
18. GuV-Konto an Wareneinkauf
19. Warenverkauf an Wareneinkauf

Aufgaben der Klausur 8

Bearbeitungszeit:	90 Minuten
Erreichte Gesamtpunktzahl:	… Punkte von 90 Punkten

Aufgabe 1 der Klausur 8:	30 Punkte	

Ihre ehemalige Klassenkameradin Emma Weinhaus, die von allen nur liebevoll Emmy genannt wird, ist mittlerweile als begnadete Volksmusikinterpretin nicht nur in ihrer Wahlheimat Thüringen bekannt. Sie treffen Emmy überraschenderweise beim letzten Rennsteiglauf in Schmiedefeld. Sie kommen mit Emmy ins Gespräch und diese ist hocherfreut, dass Sie nunmehr Betriebswirtschaftslehre studieren. Schließlich hat sie vor kurzem ihr Mikrofon und ihr Akkordeon an den berühmten Nagel gehängt und möchte nun ein Unternehmen gründen. Sie hat vor, mit Thüringer Wurst- und Fleischspezialitäten sowie Souvenirs zu handeln. Beantworten Sie die Fragen, die Emmy Ihnen vor Ort und später am Telefon stellt:

a) Emmy möchte wissen, ob sie buchführungspflichtig ist. Welche Hinweise können Sie ihr diesbezüglich geben? Antworten Sie ihr systematisch! **(5 Punkte)**

b) Erstellen Sie eine Eröffnungsbilanz aus folgenden ungeordneten Posten, die Emmy in ihrem Inventar findet: **(9 Punkte)**

- Forderungen gegen Willy Brause in Höhe von 16.000 EUR
- 87 Figuren „Schalke Erwin" zu je 2 EUR = 174 EUR
- Hypothekendarlehen bei der Spaß-Bank, Manebach 15.000 EUR
- Grundstück in der Wolfsschlucht, Oberhof 30.000 EUR
- Guthaben bei der Schein-Bank, Lichtenstein 3.333 EUR
- Verbindlichkeiten gegenüber Rudi A. Sauer 5.500 EUR
- 100 Nussknacker „Erzgebirge" zu je 3 EUR = 300 EUR
- Bargeld 1.111 EUR
- Kühlschrank 1.000 EUR

c) Emmy hat ein Fahrzeug für 47.600 EUR brutto erworben, welches eine Nutzungsdauer von acht Jahren hat. Dieses soll handelsrechtlich mit einem Abschreibungssatz in Höhe von 30% - was handelsrechtlich problemlos möglich ist (weil die jeweilige Begrenzung nur steuerrechtlich greift) – erst einmal geometrisch-degressiv abgeschrieben werden. Auch das erste Jahr soll mit zwölf Monaten bei der Abschreibung berücksichtigt werden. Im Laufe der

Nutzungsdauer möchte Emmy auf die lineare Abschreibung wechseln. Sie möchte beim Wechsel jene Periode wählen, die ihr frühzeitig die größten Aufwendungen beschert. Erstellen Sie den Abschreibungsplan und geben Sie für jedes Jahr den Buchwert zu Jahresbeginn und zum Jahresende sowie den Abschreibungsbetrag und die Abschreibungsmethode an! Runden Sie hierbei auf volle Eurobeträge! **(16 Punkte)**

Jahr	Buchwert zu Periodenbeginn	Abschreibungsmethode	Abschreibungsbetrag	Buchwert zu Periodenende
1				
2				
3				
4				
5				
6				
7				
8				

Aufgabe 2 der Klausur 8:	**45 Punkte**	

Helfen Sie Emmy, indem Sie die Buchungssätze für die folgenden Geschäftsvorfälle bilden.

a) Emmy erwirbt Frischfleisch in Höhe von 2.000 EUR netto, welches sie sofort bar bezahlt. **(2 Punkte)**

b) Beim Ostseeurlaub hat sie beobachtet, dass andere Urlauber Strandsand käuflich erwerben. Sie möchte diese Geschäftsidee imitieren und Schnee an die Urlauber in Thüringen veräußern. Für ihren Handel mit Thüringer Schnee erwirbt sie eine große Kühltruhe zu einem Nettoabgabepreis von 10.000 EUR. Der Lieferant gewährt ihr einen Rabatt auf den Nettoabgabepreis in Höhe von 19%. Emmy bezahlt auf Ziel. **(3 Punkte)**

c) Emmy bezahlt eine offene Rechnung pünktlich und kann somit Skonto in Höhe von 4% ziehen. Emmy überweist 22.848 EUR. **(3 Punkte)**

d) Emmy zahlt 600 EUR auf das Unternehmenskonto bei der Bank ein, weil sie am Wochenende nicht so viel Bargeld im Unternehmen haben möchte. Dieses Geld hatte sie dort aus Sicherheitsgründen in einer Schatulle deponiert, welche sie in ihrem Warenlager versteckt hatte. **(1 Punkt)**

e) Emmy kauft Briefmarken für die Geschäftspost und bezahlt die insgesamt anfallenden 23,80 EUR bar. **(1 Punkt)**

f) Emmy entnimmt Schnee aus ihrem Unternehmen in Höhe von 500 EUR netto, um hiermit ihre Freunde zu beglücken. **(2 Punkte)**

g) Emmys Kunde Martin Semmelflocke sendet noch nicht bezahlten Schnee zurück, weil dieser nicht – wie im Prospekt versprochen – schneeweiß war. Emmy schreibt ihm den Rechnungsbetrag in Höhe von 200 EUR netto gut. **(2 Punkte)**

h) Emmy bucht die Abschreibungen für ihr Fahrzeug für das dritte Jahr (gemäß Aufgabe 1 b) direkt. **(1 Punkt)**

i) Emmy verliert einen laufenden Prozess und muss 5.000 EUR Schadenersatz, welcher nicht der Umsatzsteuer unterliegt, leisten. Diesen Betrag überweist sie sofort, wobei sie berücksichtigt, dass sie hierfür 3.000 EUR zurückgestellt hat. **(2 Punkte)**

j) Im Rahmen der Jahresabschlussvorbereitung stellt Emmy fest, dass sie am 01.09. für zwölf Monate 10.000 EUR bei der Bank angelegt hat. Die Zinsen in Höhe von 6% p. a. werden durch die Bank endfällig gutgeschrieben. Buchen Sie (lediglich) die Erfolgsabgrenzung sowohl im Jahr der Geldanlage als auch im Jahr des Zinszuflusses. **(3 Punkte)**

k) Emmy zahlt Miete jeweils am 01.05. und am 01.11. im Voraus per Überweisung. Monatlich sind 1.190 EUR (brutto) zu leisten. Erstellen Sie die Buchungssätze für die Mietzahlung zum 01.11. sowie zum Jahresende und zum Jahresanfang. **(4 Punkte)**

l) Emmy sendet die Hälfte der Ware aus a) an ihren Lieferanten zurück, weil es sich hierbei um Gammelfleisch handelte. Der Lieferant bestätigt die Rücksendung. Die Zahlung soll aber später erfolgen. **(2 Punkte)**

m) Emmy verklagt den Lieferanten auf Schadenersatzleistung in Höhe von 7.000 EUR, weil sie ihren guten Ruf gefährdet sieht. Für die umsatzsteuerfreie Leistung der Einreichung der Klageschrift sendet Emmys Anwalt eine Rechnung an Emmy in Höhe von 500 EUR. **(2 Punkte)**

n) Emmy verkauft eine Figur „Schalke Erwin" für netto 5 EUR. Sie bekommt die Gegenleistung „bar auf die Hand". **(2 Punkte)**

o) Zum Jahresende wird festgestellt, dass vom gesamten Bestand an Forderungen aus Lieferungen und Leistungen (brutto: 120.445 EUR) zwei Forderungen über insgesamt 30.000 EUR netto als zweifelhaft einzustufen sind. Eine Forderung (Forderung A) davon in Höhe von 10.000 EUR netto fällt endgültig zu 60% aus. Die andere Forderung (Forderung B) fällt wahrscheinlich zu 70% aus. **(4 Punkte)**

p) Für allgemeine Forderungsausfälle sind im Hinblick auf Sachverhalt o) die Pauschalwertberichtigungen in Höhe von 5% zu bilden und zu buchen. Runden Sie hierzu auf die nächsten vollen eintausend EUR (auf) und berücksichtigen Sie, dass der Bestand an Pauschalwertberichtigungen zum Jahresanfang 1.000 EUR betrug. **(3 Punkte)**

q) Im Folgejahr sind für die unter o) betrachteten Schulden Zahlungseingänge auf dem Konto zu verzeichnen: Hinsichtlich der Forderung A gehen insgesamt 4.760 EUR ein. Bezüglich der Forderung B gehen 5.950 EUR ein, womit der Sachverhalt als abgeschlossen gilt. **(4 Punkte)**

r) Emmy zahlt das Gehalt an ihre Verkäuferin per Überweisung. Diese erhält brutto 3.000 EUR. Arbeitgeber und Arbeitnehmer müssen insgesamt 1.600 EUR Sozialabgaben leisten. An Steuern werden 900 EUR abgezogen. Nennen Sie alle Buchungssätze, die bei der Zahlung zu berücksichtigen sind. **(4 Punkte)**

Aufgabe 3 der Klausur 8:	8 Punkte	

Geben Sie bitte jeweils einen Geschäftsvorfall für folgende Sachverhalte an!

a) Einnahme laufende Periode, Ertrag laufende Periode.

b) Einnahme laufende Periode, Ertrag später.

c) Aufwand laufende Periode, Ausgabe laufende Periode.

d) Aufwand laufende Periode, Ausgabe nie.

| **Aufgabe 4 der Klausur 8:** | **7 Punkte** | |

Wie lauten jeweils die erforderlichen Buchungen in den Jahren 01 und 02?

a) Die Feuerversicherung i. H. v. 3.000 EUR für das Betriebsgebäude wird am 26.09.01 durch Banküberweisung für die Zeit vom 01.10.01 bis 31.03.02 im Voraus bezahlt.

b) Laut vorliegender Abrechnung des Vertreters V für den Monat Dezember 01 hat dieser 18.445 EUR einschließlich 19% USt Provision zu beanspruchen. Die Provision wird am 10.01.02 durch das buchende Unternehmen per Überweisung gezahlt.

c) Am 20.12.01 hat der Unternehmer U die Feuerversicherungsprämie i. H. v. 1.500 EUR für sein privates Mietwohngrundstück für die Zeit vom 01.12.01 bis 30.11.02 vom betrieblichen Bankkonto überwiesen.

Aufgaben der Klausur 9

Bearbeitungszeit:	90 Minuten
Erreichte Gesamtpunktzahl:	… Punkte von 90 Punkten

Aufgabe 1 der Klausur 9:	8 Punkte	

Nennen Sie einen anderen Begriff für die folgenden deutschen Bezeichnungen:

a) gezogener Wechsel
b) Wechselnehmer
c) angenommener Wechsel
d) Weitergabevermerk
e) Wechselaussteller
f) eigener Wechsel
g) Bezogener
h) Rückgriff

Aufgabe 2 der Klausur 9:	12 Punkte	

Kreuzen Sie an, ob es sich bei den folgenden Geschäftsvorfällen um einen Aktivtausch, einen Passivtausch, eine Aktiv-Passiv-Mehrung oder eine Aktiv-Passiv-Minderung handelt. Die Umsatzsteuer ist nicht zu berücksichtigen. *Annahme:* Erfolgswirksame Aspekte werden über das Eigenkapital verbucht. *Bitte beachten Sie:* Falsches Ankreuzen führt zu einem Punkt Abzug.

		Aktiv-tausch	Passiv-tausch	Aktiv-Passiv-Mehrung	Aktiv-Passiv-Minderung
1.	Verbrauch von Hilfsstoffen				
2.	Eingang der Maklerrechnung für unseren Gebäudekauf				
3.	Prolongation unseres Akzeptes				
4.	Bestandsminderung bei den fertigen Erzeugnissen				
5.	Kauf eines Kfz auf Ziel				
6.	Umwandlung einer Lieferantenschuld in eine Wechselschuld				
7.	Lieferantenskonto				

	Aktiv-tausch	Passiv-tausch	Aktiv-Passiv-Mehrung	Aktiv-Passiv-Minderung
8.	Rücksendung von Rohstoffen, die auf Ziel gekauft wurden				
9.	Kundenskonto				
10.	vom Darlehensgläubiger berechnete Zinsen werden nicht sofort bezahlt				
11.	Barzahlung der Eingangsfracht für Betriebsstoffe				
12.	Barabhebung vom Bankkonto				

| **Aufgabe 3 der Klausur 9:** | **10 Punkte** | |

Gegeben sei folgendes Schlussbilanzkonto (SBK). Welche Fehler können Sie erkennen? Geben Sie eine kurze Erläuterung der Fehler!

Haben	SBK zum 01. Januar 01		Soll
Eigenkapital	250.000,00 €	Verbindlichkeiten	90.000,00 €
Rückstellungen	28.000,00 €	Bank	80.000,00 $
Forderungen	23.000,00 €	Rückstellungen	29.000,00 €
PRAP	15.000,00 €	ARAP	7.000,00 €
Fuhrpark	10.000,00 €	Rohstoffe	13.000,00 €
Wertpapiere	20.000,00 €	Rohstoffverbrauch	11.000,00 €
	346.000,00 €		230.000,00 €

| **Aufgabe 4 der Klausur 9:** | **22 Punkte** | |

a) Am 19.11.01 erfährt der Buchhalter der Brause-GmbH, dass der Kunde V. Brecher das Insolvenzverfahren beantragt hat. Die Forderung gegen V. Brecher beträgt 75.000 EUR netto zzgl. 19% USt. Am 21.02.02 wird das Verfahren abgeschlossen. Der Insolvenzverwalter überweist 62.475 EUR (brutto).

1. Welche Buchungen muss der Buchhalter der Brause-GmbH bei direkter Abschreibung am 19.11.01 vornehmen? **(1 Punkt)**
2. Am 31.12.01 ist das Verfahren noch nicht abgeschlossen. Der Buchhalter der Brause-GmbH geht davon aus, dass die Quote sich auf 50% belaufen wird. Welche Buchungen sind erforderlich? **(1 Punkt)**
3. Welche Buchungen sind bei Zahlungseingang am 21.02.02 erforderlich? **(3 Punkte)**

b) Unternehmer Willy Brause kauft im Jahr 01 eine Maschine zu einem Preis von 56.000 EUR (netto) zzgl. 19% USt. Willy Brause bezahlt die Rechnung innerhalb einer Woche und zieht vereinbarungsgemäß 3% Skonto ab. Nach kurzer Zeit stellt Brause einen kleinen Fehler an der Maschine fest und kann aufgrund einer Mängelrüge einen Preisnachlass von 3.332 EUR (brutto) heraushandeln. Ermitteln Sie die endgültigen Anschaffungskosten und bilden Sie die Buchungssätze! **(8 Punkte)**

c) Angestellter Alexander Brause erhält folgende Lohnabrechnung:

	Bruttogehalt	7.000 EUR
./.	Lohnsteuer	1.120 EUR
./.	Solidaritätszuschlag	62 EUR
./.	Kirchensteuer	100 EUR
./.	Sozialversicherung (AN)	1.260 EUR
=	Auszahlungsbetrag	4.458 EUR

Wie lauten die Buchungssätze bei Gehaltszahlung und Überweisung der einbehaltenen Beträge? **(5 Punkte)**

d) Der Unternehmer Willy Brause bildet zum 31.12.01 eine Pflichtrückstellung für Prozesskosten in Höhe von 12.000 EUR. Im Geschäftsjahr 02 kommt es zu einem Vergleich. Nur 7.000 EUR der Rückstellung werden in Anspruch genommen. Bilden Sie die Buchungssätze. Gehen Sie davon aus, dass keine Umsatzsteuer ausgewiesen wird (brutto = netto). **(2 ½ Punkte)**

e) Abwandlung zu d): Brause verliert den Prozess im Geschäftsjahr 02 und überweist 15.000 EUR für Prozesskosten. Wie wird im Jahr 02 gebucht? **(1 ½ Punkte)**

Aufgabe 5 der Klausur 9:	38 Punkte	

Der Unternehmer Willy Brause hat zu Beginn des Jahres 01 folgende Bestände ermittelt:

Maschinen	50.000 EUR	Waren	20.000 EUR
Rohstoffe	30.000 EUR	Fertige Erzeugnisse	20.000 EUR
Forderungen	15.000 EUR	Bank	60.000 EUR
Kasse	5.000 EUR	Verbindlichkeiten	90.000 EUR
Eigenkapital	110.000 EUR		

Geschäftsvorfälle:

a)	Zieleinkauf von Waren, netto	50.000 EUR
b)	Bezahlung der Waren aus a) durch Banküberweisung	58.310 EUR
	unter Abzug von 2% Skonto	1.190 EUR
c)	Rohstoffeinsatz	10.000 EUR
d)	Barverkauf von Waren, brutto	89.250 EUR
e)	Brauses Kunde begleicht eine Forderung durch Überweisung	10.000 EUR
f)	Abschreibung der Maschinen	5.000 EUR
g)	Brause bezahlt die Januarmiete 02 im Dezember 01	4.000 EUR

Inventurbestände:

h)	Warenbestand	30.000 EUR
i)	Rohstoffbestand	20.000 EUR
j)	Fertige Erzeugnisse	30.000 EUR

Tragen Sie die Anfangsbestände in die nachfolgenden Konten ein! Bilden Sie die Buchungssätze der laufenden Geschäftsvorfälle. Bilden Sie die vorbereitenden Abschlussbuchungen! Die getrennten Warenkonten sind dabei nach dem Nettoverfahren abzuschließen. Verbuchen Sie die Geschäftsvorfälle auf den nachfolgend dargestellten Konten! Schließen Sie die Konten dann ab! Im Hinblick auf die Anfangs- und Schlussbestände müssen keine Buchungssätze angegeben werden.

Aufgaben der Klausur 9

S	Forderungen	H	S	Warenverkauf	H

S	Bank	H	S	Umsatzsteuer	H

S	Kasse	H	S	Abschreibungen	H

S	Vorsteuer	H	S	Bestandsveränderungen	H

S	ARAP	H	S	Mietaufwand	H

S	SBK	H	S	GuV-Konto	H

Aufgaben der Klausur 10

Bearbeitungszeit:	90 Minuten
Erreichte Gesamtpunktzahl:	… Punkte von 90 Punkten

Aufgabe 1 der Klausur 10:	10 Punkte	

a) Welche drei Abschreibungsmethoden haben handelsrechtlich eine besondere Bedeutung? Durch welchen Abschreibungsverlauf zeichnen sich diese jeweils aus?

b) Nennen Sie jeweils zwei Beispiele für formelle und sachliche Buchführungsmängel!

Aufgabe 2 der Klausur 10:	10 Punkte	

Stellen Sie den Zusammenhang der Konten einer Buchführung grafisch dar!

Aufgabe 3 der Klausur 10:	10 Punkte	

Welche Geschäftsvorfälle bzw. Abschlussbuchungen liegen folgenden Buchungssätzen zugrunde?

a) Verb. an Rohstoffe
   VSt

b) Bank
   Verl. aus Anl.-Abg. an Maschinen
   USt

c) Bank
   USt
   Gewährte Skonti an Ford.

d) Rückstellung
   per.-fr. Aufwendungen an Bank

e) Mietaufwand an Bank
   ARAP an Mietaufwand

Aufgabe 4 der Klausur 10: 30 Punkte

Der Steuerberater V. Gesslich hat für den Unternehmer Willy Brause zum 31.12.01 folgendes Schlussbilanzkonto und folgendes GuV-Konto (jeweils in EUR) aufgestellt:

S	SBK		H
Gebäude	990.000	Eigenkapital	966.150
Maschinen	340.200	Rückstellungen	22.500
Beteiligungen	112.500	Darlehen	900.000
Waren	58.500	Verb.a.LuL	72.000
Forderungen	193.950	USt	67.500
Bankguthaben	324.000		
Kasse	9.000		
	2.028.150		2.028.150

S	GuV-K		H
Abschreibungsaufwand	63.900	Umsatzerlöse	459.000
Mietaufwand	30.150	Mieterträge	9.000
Zinsaufwand	14.400	Zinserträge	18.450
Lohnaufwand	72.000		
Reparaturaufwand	54.000		
Telefonaufwand	31.500		
Sonstige Aufwendungen	35.100		
Gewinn	185.400		
	486.450		486.450

Bei der Durchsicht der Unterlagen muss Willy Brause feststellen, dass sein Steuerberater V. Gesslich die Geschäftsunterlagen der Vorjahre verschludert und weiterhin im laufenden Geschäftsjahr folgende Vorfälle nicht berücksichtigt hat:

a) Brause hat im Jahr zuvor eine Rückstellung in Höhe von 22.500 EUR für Prozesskosten gebildet und unverändert in das SBK für das Jahr 01 übernommen. Im laufenden Jahr stellt sich heraus, dass die Prozesskosten nur 20.000 EUR betragen.

b) Für das Darlehen i. H. v. 900.000 EUR wurde die Zinszahlung in Höhe von 5% für das gesamte Jahr noch nicht gebucht.

c) Ein Kunde hat noch am 31.12.01 eine Rechnung in Höhe von 10.000 EUR durch Banküberweisung beglichen.

d) Am 03.01.01 hatte Willy Brause eine Maschine (ND: 5 Jahre) für netto 135.000 EUR gegen Bankzahlung erworben.

e) Das bilanzierte Gebäude wurde vor zehn Jahren im Januar angeschafft und seitdem jedes Jahr (also seit zehn Jahren) mit 4% linear abgeschrieben. Aufgrund der fehlenden Unterlagen der Vorjahre ist Willy Brause der Kaufpreis nicht mehr bekannt. Eine Abschreibung für 01 wurde deshalb nicht gebucht.

Bilden Sie die Buchungssätze und verbuchen Sie die Geschäftsvorfälle! Erstellen Sie anschließend das neue Schlussbilanzkonto und das neue GuV-Konto!

Aufgabe 5 der Klausur 10:	30 Punkte	

Der Unternehmer Willy Brause hat zum 31.12. des Jahres 01 die in der nachfolgenden Tabelle (Hauptabschlussübersicht) dargestellte Summenbilanz erstellt. Folgende Abschlussangaben hat er noch zu berücksichtigen:

Abschreibung auf Gebäude (AK: 1.460.000 EUR, ND: 25 Jahre)
Maximal mögliche degressive Abschreibung auf Maschinen (ND: 3 Jahre)
Abschreibung auf Betriebs- und Geschäftsausstattung (Abschreibungssatz 10%)

Abschreibung auf Forderungen	17.000 EUR
Aktive Rechnungsabgrenzung von Versicherungsaufwendungen	2.550 EUR
Passive Rechnungsabgrenzung von Mieterträgen	2.040 EUR
Sonstige Forderungen für noch gutzuschreibende Zinserträge	510 EUR
Sonstige Verbindlichkeiten für rückständige Zinsaufwendungen	680 EUR
Bildung der Rückstellung für Gewerbesteuer	8.500 EUR
Inventurbestand Rohstoffe	251.600 EUR
Inventurbestand Fertige Erzeugnisse	33.150 EUR

Geben Sie die Buchungssätze der abschlussvorbereitenden Buchungen innerhalb einer zu benennenden Spalte „Umbuchungen" an! Vervollständigen Sie die Hauptabschlussübersicht!

Aufgaben der Klausur 10

	Summenbilanz		Saldenbilanz I		Umbuchungen		Saldenbilanz II		Abschlussbilanz		Erfolgsbilanz	
	Soll	Haben	Soll	Haben	Soll	Haben	Soll	Haben	Aktiva	Passiva	Aufwand	Ertrag
Gebäude	1.460.000											
Maschinen	1.190.000											
BGA	410.000											
Kasse	162.520	139.910										
Bank	2.380.000	2.144.000										
Rohstoffe	680.000	425.000										
Fertige Erzeugnisse	136.000	102.000										
Forderungen aLuL	2.010.000	1.666.000										
Zweifelhafte Ford.	51.000											
Sonst. Forderungen	42.000	20.400										
Vorsteuer	90.740											
ARAP												
Eigenkapital		2.434.010										
Privat	34.000											
Rückstellungen	13.600	95.000										
Bankdarlehen	85.000	325.000										
Verbindlichkeiten aLuL	1.377.000	1.632.000										
Umsatzsteuer		180.080										
Sonst. Verbindlichk.		17.000										
PRAP												
Umsatzerlöse		4.280.000										
Zinserträge		54.000										
Mieterträge		55.600										
Löhne und Gehälter	2.881.500											
Arbeitgeberanteile	338.300											
Abschr. auf Anlagen												
Abschr. auf Ford.	17.000											
Zinsaufwendungen	40.800											
Versicherungsaufwendung.												
Gewerbesteueraufwend.												
Aufwendungen für RHB	170.540											
Bestandsveränderungen												
	13.570.000	13.570.000										

Lösungsvorschläge
zu den Übungsklausuren

Lösungsvorschläge zur Klausur 1

Bearbeitungszeit:	90 Minuten
Erreichte Gesamtpunktzahl:	… Punkte von 90 Punkten

Lösungsvorschlag zur Aufgabe 1 der Klausur 1:	10 Punkte

Folgende fünf Grundsätze der Belegbehandlung können unterschieden werden:

1. Belegzwang: Es gilt der Grundsatz „keine Buchung ohne Beleg" und zwar auch für Um-, Storno- und Abschlussbuchungen.

2. Einheitliche Belegwahl: Wenn mehrere Belege für denselben Vorgang anfallen (z. B. Bankauszug und Rechnung) ist eindeutig festzulegen, was als Beleg gilt.

3. Urkundliche Behandlung: In Belegen darf nichts wegradiert oder unleserlich gemacht werden. Belege sind abzuzeichnen und Änderungen zu beglaubigen.

4. Kontierung: Im Beleg müssen die Konten angegeben werden, in die gebucht wird, um so ein einheitliches Buchen sicherzustellen.

5. Belegregistratur: Die Belege sind nach Belegarten zu ordnen und fortlaufend innerhalb jeder Belegart zu nummerieren. Die Belege müssen zehn Jahre aufbewahrt werden.

Lösungsvorschlag zur Aufgabe 2 der Klausur 1:   10 Punkte

		Aktiv-tausch	Passiv-tausch	Aktiv-Passiv-Mehrung	Aktiv-Passiv-Minderung
1.	Bestandsminderung bei fertigen Erzeugnissen				X
2.	Skontoabzug auf Ausgangsrechnung				X
3.	Buchgewinn beim Verkauf eines voll abgeschriebenen Computers			X	
4.	Auslieferung von voll vorausbezahlten fertigen Erzeugnissen			X	X[1]
5.	Barzahlung der Transportversicherung einer Rohstofflieferung	X			
6.	Begleichung einer offenen Lieferantenrechnung durch Banküberweisung				X
7.	Überweisung des Arbeitnehmeranteils zur Sozialversicherung				X
8.	Unsere Banküberweisung für Miete				X
9.	Zielverkauf von Waren			X	
10.	Kauf einer Maschine auf Ziel			X	

Lösungsvorschlag zur Aufgabe 3 der Klausur 1:   10 Punkte

- Das EBK wird gewöhnlich zum 01.01. erstellt.
- Soll und Haben wurden vertauscht.
- Verbindlichkeiten stehen nur auf einer Seite: der Sollseite.
- Auf der falschen Seite stehen Forderungen, ARAP, Fuhrpark, Rückstellungen und PRAP.[2]
- Der Warenverkauf gehört in das GuV-Konto.
- Soll- und Habensumme stimmen betragsmäßig nicht überein.
- Der Ausweis der ARAP erfolgte in Dollar, nicht in EUR.

---

[1] Wenn die erhaltene Anzahlung auf der Aktivseite offen von den Vorräten abgesetzt wurde.

[2] Es ist darauf zu achten, dass das EBK spiegelverkehrt zur Eröffnungsbilanz ist.

Lösungsvorschlag zur Aufgabe 4 der Klausur 1: | 20 Punkte

a) 01: Mietaufwand 300
     ARAP 300
     VSt 114 an Bank 714

oder auch:

   01: Mietaufwand 600
     VSt 114 an Bank 714
     ARAP 300 an Mietaufwand 300

   02: Mietaufwand 300 an ARAP 300

b) 02: Sonstige Ford. 800 an Zinsertrag 800

   03: Bank 1.200 an Sonstige Ford. 800
                                         Zinsertrag 400

c) Wareneinkauf/Waren 18.000
   VSt 3.420 an Verb. aLuL 21.420

d) Kasse 1.785 an BGA 1.000
                            USt 285
                            S. b. Ertr. (Ertr. aus dem
                            Abgang von AV) 500

e) *beim Warenverkauf:*
   Forderungen 38.080,00 an Warenverkauf 32.000,00
                                  USt 6.080,00

   bei Überweisung:
   Bank 37.318,40
   Gewährte Skonti 640,00
   USt 121,60 an Forderungen 38.080,00

f) GewSt-Aufw. 2.000 an Rückstellungen 2.000

g) 01: Zinsaufwand 90 an Sonstige Verb. 90

   02: Sonstige Verb. 90
        Zinsaufwand 180 an Bank 270

h) Privat/Privatentnahme 500 an Bank 500

i) 02: Bank   1.000   an PRAP   1.000

   oder auch:
    02: Bank   1.000   an Mietertrag   1.000
        Mietertrag   1.000   an PRAP   1.000

    03: PRAP   1.000   an Mietertrag   1.000

j) Maschine   5.000
    VSt   950   an Verb.   5.950

   oder auch:
    Maschine   4.800
    Bezugskosten   200
    VSt   950   an Verb.   5.950

Lösungsvorschlag zur Aufgabe 5 der Klausur 1:	**10 Punkte**

		richtig	falsch
1.	Bestandskonten erfassen lediglich Stromgrößen.		X
2.	Erfolgskonten kennen keinen Anfangsbestand.	X	
3.	Bestandskonten werden über das GuV-Konto abgeschlossen.		X
4.	Erfolgskonten sind Unterkonten des Eigenkapitalkontos.	X	
5.	Aufwandskonten weisen im Allgemeinen einen Saldo auf der Habenseite auf.		X
6.	Buchungen auf Erfolgskonten verändern das Eigenkapital mittelbar.	X	
7.	Erfolgskonten können in der Schlussbilanz erscheinen.		X
8.	Für Erfolgskonten gilt die Kontengleichung: Anfangsbestand + Zugang = Minderungen + Endbestand.		X
9.	Werden Aufwendungen und Erträge auf einem Erfolgskonto gebucht, ist das Gegenkonto grundsätzlich ein Bestandskonto.	X	
10.	Ertragskonten werden im Laufe des Geschäftsjahres niemals im Soll gebucht.		X

Lösungsvorschlag zur Aufgabe 6 der Klausur 1:	**20 Punkte**

a) *Die sachgerechte Buchung wäre gewesen:*
    Mietaufwand   300
    VSt   57   an Privat (Einlage)   357

Erforderliche Korrekturbuchung:
VSt	57			
Kasse	357	an	Privat (Einlage)	357
			Mietaufwand	57

Änderungen der GuV-Positionen:
Mietaufwand	– 57	Erfolgsauswirkung:	+ 57

Probe (Δ Bestände):
Kasse	+ 357
VSt	+ 57
Privat (Einlage)	– 357
	+ 57

b) *Die sachgerechte Buchung wäre gewesen:*
Bank	1.785	an	S. b. Ertrag	1.500
			USt	285

Erforderliche Korrekturbuchung:
Maschine	1.500	an	S. b. Ertrag	1.500

Änderungen der GuV-Positionen:
S. b. Ertrag	+ 1.500	Erfolgsauswirkung:	+ 1.500

Probe (Δ Bestände):
Maschine	+ 1.500
	+ 1.500

c) *Die sachgerechte Buchung wäre gewesen:*
Mietaufwand	2.000			
VSt	380	an	Bank	2.380

Erforderliche Korrekturbuchung:
Mietaufwand	4.380			
VSt	380	an	Bank	2.380
			Gebäude	2.380

Änderungen der GuV-Positionen:
Mietaufwand	+ 4.380	Erfolgsauswirkung:	– 4.380

Probe (Δ Bestände):
Gebäude	– 2.380
VSt	+ 380
Bank	– 2.380
	– 4.380

d) *Die sachgerechten Buchungen wären gewesen:*

Maschine	10.000			
VSt	1.900	an Bank	11.900	
Abschreibung	3.333	an Maschine	3.333	

Erforderliche Korrekturbuchung:

Abschreibung	3.333	an Montageaufwand	400	
		Maschine	2.933	

Änderungen der GuV-Positionen:

Abschreibung	+ 3.333	Erfolgsauswirkung:	− 2.933
Montageaufwand	− 400		

Probe (Δ Bestände):

Maschine	− 2.933
	− 2.933

Lösungsvorschlag zur Aufgabe 7 der Klausur 1:   **10 Punkte**

Stufe bzw. Phase	Rechnung EUR	USt (Traglast) EUR	VSt-Abzug EUR	USt-Schuld (Zahllast) EUR	Wert-schöpfung EUR
A Urerzeuger	Nettopreis 100,00 + USt 19,00 = Verkaufspreis 119,00	19,00	–	19,00	100,00
B Weiterverarbeiter	Nettopreis 250,00 + USt 47,50 = Verkaufspreis 297,50	47,50	19,00	28,50	150,00
C Großhändler	Nettopreis 320,00 + USt 60,80 = Verkaufspreis 380,80	60,80	47,50	13,30	70,00
D Einzelhändler	Nettopreis 400,00 + USt 76,00 = Verkaufspreis 476,00	76,00	60,80	15,20	80,00

Lösungsvorschläge zur Klausur 2

Bearbeitungszeit:	60 Minuten
Erreichte Gesamtpunktzahl:	… Punkte von 60 Punkten

Lösungsvorschlag zur Aufgabe 1 der Klausur 2:	10 Punkte

Die Nennung der Paragraphen erfolgt nur nachrichtlich.

- Stichtagsinventur (§ 240 Abs. 1 und 2 HGB)
  Die Stichtagsinventur muss nicht am Bilanzstichtag selbst, sondern kann zeitnah innerhalb einer Frist von zehn Tagen vor oder nach dem Bilanzstichtag durchgeführt werden. Dabei ist sicherzustellen, dass eine Vor- oder Rückrechnung auf den genauen Bestand am Abschlussstichtag möglich ist.

- Permanente Inventur (§ 241 Abs. 2 HGB)
  Die permanente Inventur erlaubt eine Abweichung des Inventurzeitpunktes vom Bilanzstichtag. Sie darf dem Inventar zugrunde gelegt werden, wenn eine besondere Lagerbuchführung (Lagerkartei) besteht. Jede Lagerposition muss einmal im Jahr überprüft werden. Die Methode darf nicht auf Bestände angewandt werden, die unkontrollierbarem Schwund unterliegen oder die besonders wertvoll sind.

- Zeitverschobene Inventur (§ 241 Abs. 3 HGB)
  Die zeitverschobene Inventur findet bis zu drei Monate vor oder zwei Monate nach dem Bilanzstichtag statt. Es erfolgt eine mengen- und wertmäßige Berechnung auf den Inventurstichtag. Die Umrechnung auf den Bilanzstichtag erfolgt nur wertmäßig unter Berücksichtigung des zwischenzeitlichen Wareneinkaufs und Wareneinsatzes.

Lösungsvorschlag zur Aufgabe 2 der Klausur 2:	50 Punkte

a)

Aktiva	Eröffnungsbilanz zum 1. Mai 07		Passiva
Fuhrpark	7.000,00 €	Eigenkapital Peters	3.000,00 €
Sonstige Forderungen	2.000,00 €	Eigenkapital Flik	9.000,00 €
Bank	10.000,00 €	Darlehen	10.000,00 €
Kasse	3.000,00 €		
	22.000,00 €		22.000,00 €

Lösungsvorschläge zur Klausur 2

	Fuhrpark		an	EBK	7.000,00
	Sonst. Forderungen		an	EBK	2.000,00
	Bank		an	EBK	10.000,00
	Kasse		an	EBK	3.000,00
	EBK		an	EK Peters	3.000,00
	EBK		an	EK Flik	9.000,00
	EBK		an	Darlehen	10.000,00
b)	Waren/-einkauf	2.000,00			
	VSt	380,00	an	Verb. aLuL	2.380,00
c)	Bank	30.000,00	an	Bankdarlehen	30.000,00
d)	Kasse	2.000,00	an	Sonstige Forderungen	2.000,00
e)	Ford. aLuL	5.950,00	an	Warenverkauf/UE	5.000,00
				USt	950,00
f)	Bank	5.771,50			
	USt	28,50			
	Erlösberichtigung/				
	gewährte Skonti	150,00	an	Ford. aLuL	5.950,00
g)	Verb. aLuL	238,00	an	Waren/-einkauf	200,00
				VSt	38,00
h)	Fuhrpark	20.000,00			
	Verluste aus				
	Anl.-Abg.	2.000,00	an	Darlehen	15.000,00
				Fuhrpark	7.000,00
i)	Mietaufwand	1.000,00			
	ARAP	11.000,00	an	Kasse	12.000,00
j)	S. b. Aufw.	5.000,00	an	Rückstellungen	5.000,00
k)	Zinsaufwand	500,00	an	Sonstige Verb.	500,00
l)	Ford. aLuL	856,80	an	Warenverkauf/UE	720,00
				USt	136,80

Lösungsvorschläge zur Klausur 2   59

m)	Zweifelhafte Ford.	7.140,00	an	Ford. aLuL	7.140,00
	Abschr. auf Ford. USt	2.000,00 380,00	an	Zweifelhafte Ford.	2.380,00
	Abschr. auf Ford.	2.200,00	an	Zweifelhafte Ford.	2.200,00
	Abschr. auf Ford.	3.290,00	an	PWB	3.290,00
n)	Personalaufwand	2.000,00	an	Bank FB-Verb. SV-Verb.	1.279,70 299,30 421,00
	Arbeitgeber-SV-Aufwand		an	SV-Verb.	421,00
	FB-Verb. SV-Verb.	299,30 842,00	an	Bank	1.141,30
o)	Privatentn. (Flik)	595,00	an	Entnahme v.G.u.s.L. USt	500,00 95,00
p)	USt	120.000,00	an	VSt	120.000,00
	USt	20.000,00	an	FB-Verb.	20.000,00
q)	Warenaufwand	200,00	an	Waren/Wareneinkauf	200,00

Lösungsvorschläge zur Klausur 3

Bearbeitungszeit:	60 Minuten
Erreichte Gesamtpunktzahl:	... Punkte von 60 Punkten

Lösungsvorschlag zur Aufgabe 1 der Klausur 3:	9 Punkte

Bilanzveränderungen sind immer dann erfolgsneutral, wenn keine Erfolgskonten berührt werden. Folgende Arten können unterschieden werden:

- Aktivtausch: z. B. Barkauf einer Maschine
- Passivtausch: z. B. Umwandlung einer kurzfristigen Verbindlichkeit in ein langfristiges Darlehen
- Aktiv-Passiv-Mehrung: z. B. Kauf einer Maschine auf Ziel
- Aktiv-Passiv-Minderung: z. B. Tilgen einer Verbindlichkeit durch Überweisung

Lösungsvorschlag zur Aufgabe 2 der Klausur 3:	11 Punkte

		richtig	falsch
1.	Durch jeden Buchungssatz werden genau zwei Konten angesprochen.		X
2.	In jedem Buchungssatz ist die Summe der im Soll gebuchten Beträge gleich denen, die im Haben gebucht werden.	X	
3.	Die Einführung des Eröffnungs- und des Schlussbilanzkontos ermöglicht, dass die doppelte Buchhaltung formal auch bei der Übernahme der Anfangs- und Endbestände eingehalten wird.	X	
4.	Für Bestandskonten gilt die Kontengleichung: Anfangsbestand + Zugang = Minderungen + Endbestand.	X	
5.	Buchungen auf Erfolgskonten verändern das Eigenkapital erfolgsneutral.		X
6.	Erfolgskonten erfassen lediglich Stromgrößen.	X	
7.	Erfolgskonten werden über das GuV-Konto abgeschlossen.	X	
8.	Bestandskonten werden über das Schlussbilanzkonto abgeschlossen.	X	
9.	Erfolgskonten werden über das Schlussbilanzkonto abgeschlossen.		X
10.	Das Privatkonto ist ein Unterkonto des Eigenkapitalkontos.	X	
11.	Privateinlagen werden im Soll gebucht.		X

| Lösungsvorschlag zur Aufgabe 3 der Klausur 3: | 4 Punkte |

Trotz des Werbespruchs handelt es sich um eine umsatzsteuerpflichtige Lieferung. Der bisherige Bruttopreis (178,50 EUR; entspricht 119% der „alten" Bemessungsgrundlage) setzt sich aus dem Nettopreis (150 EUR; „alte" Bemessungsgrundlage) und der bisherigen Umsatzsteuer (28,50 EUR; entspricht 19% der „alten" Bemessungsgrundlage) zusammen. Wenn diese nun gemäß Werbespruch fiktiv erlassen wird, ergibt sich ein neuer Bruttopreis i. H. v. 150 EUR (entspricht 119% der „neuen" Bemessungsgrundlage), welcher sich wiederum aus einem Nettopreis (126,05 EUR; „neue" Bemessungsgrundlage) und der darauf berechneten Umsatzsteuer (23,95 EUR; entspricht 19% der „neuen" Bemessungsgrundlage) zusammensetzt. Es ist wie folgt zu buchen:

Kasse	150,00	an	Umsatzerlöse	126,05
			USt	23,95

Nachrichtlich: Der bekannte Elektronikfachmarkt stellte sich – entgegen seiner Werbeanzeige – noch schlechter (und die Kunden entsprechen noch besser). Statt die „alte" Umsatzsteuer zu kürzen, wurde der Bruttopreis (im Beispiel 178,50 EUR) um 19% (im Beispiel 33,92 EUR) reduziert. Dies ergibt im Beispiel einen neuen Bruttopreis i. H. v. 144,58 EUR. Gebucht werden müsste dann wie folgt:

Kasse	144,58	an	Umsatzerlöse	121,50
			USt	23,08

| Lösungsvorschlag zur Aufgabe 4 der Klausur 3: | 6 Punkte |

a)
	01: Bank	45.000	an	Mietertrag	15.000
				PRAP	30.000

oder auch:
	01: Bank	45.000	an	Mietertrag	45.000
	Mietertrag	30.000	an	PRAP	30.000
	02: PRAP	30.000	an	Mietertrag	30.000

b)
	01: Sonst. Forderungen	2.000	an	Zinsertrag	2.000
	02: Bank	3.000	an	Zinsertrag	1.000
				Sonst. Forderungen	2.000

Lösungsvorschlag zur Aufgabe 5 der Klausur 3: — 10 Punkte

		Aktiv-tausch	Passiv-tausch	Aktiv-Passiv-Mehrung	Aktiv-Passiv-Minderung
1.	Rücksendung von Waren, die auf Ziel gekauft wurden				X
2.	Umbuchung der Vorsteuer				X
3.	Kauf einer Maschine auf Ziel			X	
4.	Verbrauch von Rohstoffen				X
5.	Aufnahme eines Darlehens			X	
6.	Barentnahme des Unternehmers				X
7.	periodengerechter Mieteingang auf unserem Bankkonto (auf diesem war bereits ein Guthaben)			X	
8.	Bestandsmehrung bei unfertigen Erzeugnissen			X	
9.	Schuldenerlass seitens der Bank		X		
10.	Bezug vollständig im Voraus bezahlter Betriebsstoffe	X			

Lösungsvorschlag zur Aufgabe 6 der Klausur 3: — 20 Punkte

a) *Die sachgerechte Buchung wäre gewesen:*

    Telefonaufwand   200
    VSt   38   an Privat (Einlage)   238

Erforderliche Korrekturbuchung:
    VSt   38
    Verbindlichkeiten   238   an Privat (Einlage)   238
                                        Telefonaufwand   38

Änderungen der GuV-Positionen:
    Telefonaufwand   – 38   Erfolgsauswirkung: + 38

                                          Probe (Δ Bestände):
                                            Verbindlichkeiten   + 238
                                            VSt   + 38
                                            Privat (Einlage)   – 238
                                                               + 38

b) *Die sachgerechten Buchungen wären gewesen:*

BGA	2.000			
VSt	380	an	Bank	1.800
			Verbindlichkeiten	580
Verbindlichkeiten	580	an	Privat (Einlagen)	580
Abschreibung	250	an	BGA	250

Erforderliche Korrekturbuchung:

BGA	1.750			
VSt	380			
Abschreibung	250	an	Büroaufwand	1.800
			Privat (Einlagen)	580

Änderungen der GuV-Positionen:

Büroaufwand	− 1.800	Erfolgsauswirkung:	+ 1.550
Abschreibung	+ 250		

Probe (Δ Bestände):

BGA	+ 1.750
VSt	+ 380
Privat (Einlagen)	− 580
	+ 1.550

c) *Die sachgerechte(n) Buchung(en) wäre(n) gewesen:*

Mietaufwand	500			
ARAP	500	an	Bank	1.000

oder auch:

Mietaufwand	1.000	an	Bank	1.000
ARAP	500	an	Mietaufwand	500

Erforderliche Korrekturbuchung:

ARAP	500	an	Mietaufwand	500

Änderungen der GuV-Positionen:

Mietaufwand	− 500	Erfolgsauswirkung:	+ 500

Probe (Δ Bestände):

ARAP	+ 500
	+ 500

d) *Die sachgerechte Buchung wäre gewesen:*

Rückstellungen	5.000			
S. b. Aufwand	500			
VSt	1.045	an	Bank	6.545

Erforderliche Korrekturbuchung:

Rückstellungen	5.000			
S. b. Aufwand	500			
VSt	1.045	an	Bank	6.545

Änderungen der GuV-Positionen:

S. b. Aufwand   + 500   Erfolgsauswirkung: – 500

Probe (Δ Bestände):
Rückstellungen   + 5.000
VSt   + 1.045
Bank   – 6.545
                  –––––––
                  – 500

Lösungsvorschläge zur Klausur 4

Bearbeitungszeit:	90 Minuten
Erreichte Gesamtpunktzahl:	… Punkte von 90 Punkten

Lösungsvorschlag zur Aufgabe 1 der Klausur 4: 3 Punkte

Nach § 241 Abs. 1 HGB ist es unter Berücksichtigung der GoB zulässig, die körperliche Bestandsaufnahme auf Stichproben zu beschränken und mit Hilfe anerkannter mathematisch-statistischer Verfahren den Gesamtbestand zu errechnen.

Lösungsvorschlag zur Aufgabe 2 der Klausur 4: 16 Punkte

		richtig	falsch
1.	Privateinlagen und Privatentnahmen sind erfolgswirksam.		X
2.	Das Privatkonto wird über das Schlussbilanzkonto abgeschlossen.		X
3.	Privatentnahmen werden im Haben gebucht.		X
4.	Die Verbuchung des Warenverkaufs erfolgt zu Verkaufspreisen auf dem Konto „Warenverkauf".	X	
5.	Beim Abschluss des Kontos „Wareneinkauf" nach der Bruttomethode lautet der Buchungssatz: „Warenverkauf an Wareneinkauf".		X
6.	Das Konto „Wareneinkauf" ist kein reines Aufwandskonto.	X	
7.	Das Konto „Wareneinkauf" ist ein „gemischtes Konto".	X	
8.	Beim Abschluss des Kontos „Wareneinkauf" nach der Bruttomethode lautet der Buchungssatz: „GuV-Konto an Wareneinkauf".	X	
9.	Lieferantenskonti bzw. erhaltene Skonti werden über das Konto „Warenverkauf" abgeschlossen.		X
10.	Kundenskonti bzw. gewährte Skonti werden über das Konto „Warenverkauf" abgeschlossen.	X	
11.	Aktive Rechnungsabgrenzungsposten werden für Ausgaben des laufenden Geschäftsjahres gebildet, die erst im nächsten Geschäftsjahr Aufwand darstellen.	X	
12.	Aktive Rechnungsabgrenzungsposten werden für Aufwendungen des laufenden Geschäftsjahres gebildet, die erst Ausgaben im nächsten Geschäftsjahr darstellen.		X
13.	Rückstellungen gehören zum Eigenkapital.		X
14.	Rücklagen gehören zum Eigenkapital.	X	
15.	Rückstellungen werden über das GuV-Konto abgeschlossen.		X
16.	Rückstellungen werden über das SBK abgeschlossen.	X	

Lösungsvorschlag zur Aufgabe 3 der Klausur 4: | 10 Punkte

a) Kunde bezahlt eine Forderung der Vorperiode: *Bank an Forderungen*

b) Geldzufluss durch Kreditaufnahme: *Bank an Darlehen*

c) Bildung einer Rückstellung: *S. b. Aufwand an Rückstellung*

d) Kauf eines abschreibungsfähigen Anlagegegenstandes:
Maschine und VSt an Verbindlichkeiten aLuL

e) Kredittilgung: *Darlehen an Bank*

Lösungsvorschlag zur Aufgabe 4 der Klausur 4: | 13 Punkte

a) *Die sachgerechte Buchung wäre gewesen:*
Bank 1.190 an S. b. Ertrag 1.000
USt 190

Erforderliche Korrekturbuchung:
Fuhrpark 1.000 an S. b. Ertrag 1.000

Änderungen der GuV-Positionen:
S. b. Ertrag + 1.000 Erfolgsauswirkung: + 1.000

Probe (Δ Bestände):
Fuhrpark + 1.000
+ 1.000

b) *Die sachgerechte Buchung wäre gewesen:*
Mietaufwand 1.000
VSt 190 an Bank 1.190

Erforderliche Korrekturbuchung:
Mietaufwand 1.000
VSt 190 an Gebäude 1.000
Bank 190

Änderungen der GuV-Positionen:
Mietaufwand 1.000 Erfolgsauswirkung: − 1.000

Probe (Δ Bestände):
Gebäude − 1.000
Bank − 190
VSt + 190
Gebäude − 1.000

Lösungsvorschläge zur Klausur 4   67

c) *Die sachgerechten Buchungen wären gewesen:*

Maschine	5.000			
VSt	950	an	Bank	5.950
Abschreibung	1.667	an	Maschine	1.667

Erforderliche Korrekturbuchung:

Abschreibung	1.667	an	Montageaufwand	200
			Maschine	1.467

Änderungen der GuV-Positionen:

Abschreibung	+ 1.667	Erfolgsauswirkung:	– 1.467
Montageaufwand	– 200		

Probe (Δ Bestände):

Maschine	– 1.467
	– 1.467

Lösungsvorschlag zur Aufgabe 5 der Klausur 4:	**8 Punkte**

a)	Privat	300	an	Kasse	300
b)	Privat	200	an	Bank	200
c)	Privat	400	an	Bank	400
d)	Privat	119	an	Entnahme v.G.u.s.L.	100
				USt	19
e)	Privat	5.950	an	Fuhrpark	4.000
				S. b. Erträge	1.000
				USt	950
f)	Kasse	4.000	an	Privat	4.000

Lösungsvorschlag zur Aufgabe 6 der Klausur 4:	**12 Punkte**

a) Nachdem alle Geschäftsvorfälle verbucht worden sind, wird die Kontensumme der betragsmäßig höheren Kontenseite ermittelt. Bei Aktivkonten ist dies i. d. R. die Sollseite, bei Passivkonten die Habenseite. Anschließend wird die Summe auf die andere Kontenseite übertragen und der Saldo gebildet. Der Kontenabschluss erfolgt dann über das Schlussbilanzkonto (SBK).

Buchungssätze: SBK   an   Aktivkonto
                 Passivkonto an   SBK

b) Erfolgskonten sind Aufwands- und Ertragskonten und werden über das Gewinn- und Verlustkonto (GuV-Konto) abgeschlossen. Sie sind somit Unterkonten des Eigenkapitalkontos.

c) Erfolgsneutral sind Bilanzveränderungen immer dann, wenn das Eigenkapitalkonto nicht „berührt" wird. Aufwands- und Ertragskonten werden bei erfolgsneutralen Buchungen also nicht „angesprochen".

Lösungsvorschlag zur Aufgabe 7 der Klausur 4:	8 Punkte
Gesamtbetrag der Forderung zum 31.12. (brutto)	89.250
./. zweifelhafte Forderungen	17.850
pauschal wertzuberichtigende Forderungen (brutto)	71.400
./. Umsatzsteuer	11.400
pauschal wertzuberichtigende Forderungen (netto)	60.000
hierauf 3% Pauschalwertberichtigung:	1.800
zzgl. Einzelwertberichtigung i. H. v. 40% auf Nettobetrag von 17.850 EUR (brutto)	6.000
Wertberichtigung insgesamt	7.800

Buchungssätze:

Zweifelhafte Ford.	17.850	an Forderungen	17.850
Abschreibung auf Ford.	6.000	an Zweifelhafte Ford.	6.000
Einstellung in die PWB	1.800	an PWB	1.800

Lösungsvorschlag zur Aufgabe 8 der Klausur 4:	10 Punkte

a) Betriebsbedingter Aufwand: Materialaufwand

   Neutraler Ertrag: Verkauf einer Maschine über Buchwert

b) Bank belastet Stückzinsen: neutraler Aufwand

   Kursverlust von Aktien: neutraler Aufwand

   Einsatz von Rohstoffen: betriebsbedingter Aufwand

   Gewerbesteuerrückerstattung: neutraler Ertrag

   Verkauf von fertigen Erzeugnissen: betriebsbedingter Ertrag

   Weiterbelastung von Wechseldiskont: neutraler Ertrag

c) Das „ordentliche" Betriebsergebnis ergibt sich aus der Differenz der nachhaltigen betrieblichen Erträge und Aufwendungen. Im Hinblick auf das „ordentliche" Finanzergebnis werden die nachhaltigen betriebsfremdem Erträge und Aufwendungen gegenübergestellt. Als betriebsfremd werden hierbei die aus den Beteiligungs- und Finanzgeschäften resultierenden Stromgrößen bezeichnet. Als „außerordentlich" gelten unregelmäßige, periodenfremde und/oder vorübergehende Erträge und Aufwendungen, die entsprechend das außerordentliche Ergebnis bilden. Alle drei Komponenten bilden schließlich den Gesamterfolg der Periode.

Nachrichtlich: Das „ordentliche" Finanzergebnis und das „außerordentliche" Ergebnis werden gewöhnlich zum neutralen Ergebnis zusammengefasst. Die einzelnen Komponenten des neutralen Ergebnisses werden entsprechend neutrale Erträge bzw. neutrale Aufwendungen bezeichnet.

Lösungsvorschlag zur Aufgabe 9 der Klausur 4: | 10 Punkte

Anschaffungskosten: 300.000 EUR; ND: 5 Jahre; AfA pro Jahr: 60.000 EUR

Anschaffungskosten:		300.000
./. Abschreibung 03 bis 05	3 x 60.000	
./. Abschreibung 06	30.000	
	210.000	./. 210.000
Restbuchwert am 01.06.06:		90.000

a)
Verkaufserlös:	55.000
Restbuchwert:	90.000
Verlust aus dem Verkauf:	35.000

Buchungen in 06:

Abschreibung	30.000	an	Maschinen	30.000
Bank	65.450			
Verl. aus Anl.-Abg.	35.000	an	Maschinen	90.000
			USt	10.450

b)
Verkaufserlös:	98.000
Restbuchwert	90.000
Gewinn aus dem Verkauf	8.000

Buchung in 06:

Bank	116.620	an	Maschinen	90.000
			USt	18.620
			Gew. aus Anl.-Abg.	8.000

Lösungsvorschläge zur Klausur 5

Bearbeitungszeit:	90 Minuten
Erreichte Gesamtpunktzahl:	… Punkte von 90 Punkten

Lösungsvorschlag zur Aufgabe 1 der Klausur 5:	14 Punkte

a) Der *Kontenrahmen* ist ein Ordnungsinstrument für die Konten der Buchhaltung eines Wirtschaftszweiges. Der *Kontenplan* ist ein Ordnungsinstrument für die Konten der Buchhaltung eines einzelnen Unternehmens.

b) Der *Industriekontenrahmen* (IKR) ist nach dem Abschlussgliederungsprinzip aufgebaut. Das heißt der Kontenrahmen umfasst nur die Konten der Finanzbuchführung. Die Anordnung der Kontenklassen entspricht der Gliederung des Jahresabschlusses in Bilanz sowie Gewinn- und Verlustrechnung. Die Kosten- und Leistungsrechnung wird getrennt von Konten der Finanzbuchhaltung in einer eigenen Kontenklasse abgewickelt (Zweikreissystem).

Der *Gemeinschaftskontenrahmen* (GKR) ist nach dem Prozessgliederungsprinzip aufgebaut. Das heißt, die Kontengliederung erfolgt nach dem betrieblichen Wertefluss, so dass hier die Konten der Finanzbuchhaltung sowie die Konten der Kosten- und Leistungsrechnung in einem einheitlichen System abgewickelt werden (Einkreissystem).

c) Die *Passivseite* zeigt an, woher die zur Anschaffung der Vermögensgegenstände erforderlichen Mittel stammen, während die *Aktivseite* darüber informiert, was für diese Mittel angeschafft wurde. Das heißt, die Passivseite gibt die Mittelherkunft und die Aktivseite die Mittelverwendung an.

Lösungsvorschlag zur Aufgabe 2 der Klausur 5:		10 Punkte	
		richtig	falsch
1.	Privateinlagen und Privatentnahmen verändern das Eigenkapital.	X	
2.	Privateinlagen werden im Haben gebucht.	X	
3.	Privatentnahmen werden im Soll gebucht.	X	
4.	Die Verbuchung des Warenverkaufs erfolgt zu Anschaffungskosten auf dem Konto „Warenverkauf".		X
5.	Wird der Wareneinsatz parallel zum Warenverkauf gebucht, ist am Jahresende der rechnerische Endbestand immer gleich dem tatsächlichen Endbestand.		X

		richtig	falsch
6.	Das Konto „Wareneinkauf" ist ein reines Bestandskonto.		X
7.	Beim Abschluss des Kontos „Wareneinkauf" nach der Nettomethode lautet der Buchungssatz: „Warenverkauf an Wareneinkauf".	X	
8.	Beim Abschluss des Kontos „Wareneinkauf" nach der Nettomethode lautet der Buchungssatz: „GuV-Konto an Wareneinkauf".		X
9.	Lieferantenskonti bzw. erhaltene Skonti werden über das Konto „Wareneinkauf" abgeschlossen.	X	
10.	Kundenskonti bzw. gewährte Skonti werden über das Konto „Wareneinkauf" abgeschlossen.		X

Lösungsvorschlag zur Aufgabe 3 der Klausur 5:   **12 Punkte**

a) Zielkauf von Waren

b) Abschluss des Vorsteuerkontos

c) Umwandlung einer kurzfristigen Lieferantenschuld in ein langfristiges Darlehen

d) Bildung einer Gewerbesteuerrückstellung

e) Bezahlung der USt-Schuld durch Banküberweisung

f) Verbrauch von Rohstoffen

g) Es werden Gehälter überwiesen; der Arbeitnehmeranteil (Steuern und Sozialversicherungsbeträge) wird einbehalten.

h) Abschreibung eines Kfz

Lösungsvorschlag zur Aufgabe 4 der Klausur 5:   37 Punkte

	Summenbilanz		Saldenbilanz I		Umbuchungen		Saldenbilanz II		Abschlussbilanz		Erfolgsbilanz	
	Soll	Haben	Soll	Haben	Soll	Haben	Soll	Haben	Aktiva	Passiva	Aufwand	Ertrag
Gebäude	400.000		400.000			8.000	392.000		392.000			
Maschinen	350.000		350.000			35.000	315.000		315.000			
BGA	150.000		150.000			15.000	135.000		135.000			
Kasse	47.800	41.150	6.650				6.650		6.650			
Bank	700.000	660.000	40.000				40.000		40.000			
Rohstoffe	200.000	125.000	75.000			1.000	74.000		74.000			
Fertige Erzeugnisse	40.000	30.000	10.000			250	9.750		9.750			
Forderungen aLuL	600.000	490.000	110.000				110.000		110.000			
Zweifelhafte Ford.	15.000		15.000			5.500	9.500		9.500			
Sonst. Forderungen	10.000	6.000	4.000		150		4.150		4.150			
Vorsteuer	26.100		26.100			26.100						
ARAP					500		500		500			
Eigenkapital		652.650		652.650	10.000			642.650		642.650		
Privat	10.000		10.000			10.000						
Rückstellungen	4.000	25.000		21.000		2.500		23.500		23.500		
Bankdarlehen	25.000	125.000		100.000				100.000		100.000		
Verbindlichkeiten aLuL	405.000	480.000		75.000				75.000		75.000		
Umsatzsteuer		41.200		41.200	26.100			15.100		15.100		
Sonst. Verbindlichk.		5.000		5.000		200		5.200		5.200		
PRAP						600		600		600		
Umsatzerlöse		1.200.000		1.200.000				1.200.000				1.200.000
Zinsertrag		10.000		10.000		150		10.150				10.150
Mietertrag		9.000		9.000	600			8.400				8.400
Löhne und Gehälter	747.500		747.500				747.500				747.500	
Arbeitgeberanteile	99.500		99.500				99.500				99.500	
Abschr. auf Anlagen					58.000		58.000				58.000	
Abschr. auf Ford.	5.000		5.000		500		5.500				5.500	
Zinsaufwand					5.200		5.200				5.200	
Mietaufwand	12.000		12.000			500	11.500				11.500	
Sonstige Aufwendungen					2.500		2.500				2.500	
Aufwendungen für Rohst.					1.000		1.000				1.000	
Bestandsveränderungen	53.100		53.100		250		53.350				53.350	
	3.900.000	3.900.000	2.113.850	2.113.850	104.800	104.800	2.080.600	2.080.600	1.096.550	862.050	984.050	1.218.550
										Gewinn: 234.500	234.500	
									1.096.550	1.096.550	1.218.550	1.218.550

Lösungsvorschlag zur Aufgabe 5 der Klausur 5:	**17 Punkte**

a) Es wird in einwandfreie Forderungen, zweifelhafte Forderungen und uneinbringliche Forderungen unterschieden. Einwandfreie Forderungen sind mit dem Nennwert (Bruttobetrag) anzusetzen. Zweifelhafte Forderungen sind mit dem wahrscheinlichen Wert anzusetzen. Uneinbringliche Forderungen sind voll abzuschreiben. Die Korrektur der Umsatzsteuer erfolgt dabei erst, wenn der Zahlungsausfall sicher ist.

b) Bei der indirekten Abschreibung werden sämtliche zweifelhaften Forderungen in voller Höhe auf dem Forderungskonto ausgewiesen. Die Höhe der entsprechend hierfür gebildeten Wertberichtigungen ist aus dem Bestandskonto „Wertberichtigungen" zu erkennen.

c) • Grundsatz der Klarheit: Die Buchführung muss klar und übersichtlich sein! Die Eintragungen haben in einer lebendigen Sprache zu erfolgen, wobei die Schriftzeichen eindeutig festgelegt sein müssen.

• Grundsatz der Vollständigkeit: Alle Geschäftsvorfälle sind zu erfassen!

• Grundsatz des Belegzwangs: Keine Buchung ohne Beleg!

• Grundsatz der Aufbewahrung: Es hat eine geordnete Aufbewahrung der relevanten Unterlagen innerhalb der entsprechenden Aufbewahrungsfrist zu erfolgen!

d) Während dem Anlagevermögen jene Vermögensgegenstände zuzurechnen sind, die dauernd dem Geschäftsbetrieb des Unternehmens dienen sollen, sind dem Umlaufvermögen – im Umkehrschluss – jene Vermögensgegenstände zu subsumieren, die nicht dauernd den Geschäftsbetrieb dienen sollen. Zum Anlagevermögen wird in Ermangelung einer konkreten gesetzlichen Regelung jenes Vermögen gezählt, was nicht innerhalb der auf dem Bilanzstichtag folgenden zwölf Monate „umgeschlagen" werden soll.

Lösungsvorschläge zur Klausur 6

Bearbeitungszeit:	90 Minuten
Erreichte Gesamtpunktzahl:	… Punkte von 90 Punkten

Lösungsvorschlag zur Aufgabe 1 der Klausur 6:	11 Punkte

a) Wir erhalten Zinsen für einen Zeitraum nach dem Bilanzstichtag bereits vor diesem Zeitraum gutgeschrieben.

b) Wir verkaufen Waren auf Ziel.

c) Der Unternehmer leistet eine Bareinlage.

d) Wir verkaufen eine Maschine. Der Verkaufspreis liegt über dem Restbuchwert.

e) Der Unternehmer tätigt eine Warenentnahme.

f) Wir begleichen eine Rechnung unter Inanspruchnahme von Skonto.

g) Wir schließen das Wareneinkaufskonto nach der Nettomethode ab.

Lösungsvorschlag zur Aufgabe 2 der Klausur 6:	10 Punkte

		richtig	falsch
1.	Lieferantenskonti bzw. erhaltene Skonti werden wie folgt umgebucht: „Lieferantenskonti an Wareneinkauf".	X	
2.	Kundenskonti bzw. gewährte Skonti werden wie folgt umgebucht: „Warenverkauf an Kundenskonti".	X	
3.	Werden Waren vom belieferten Betrieb A an den Lieferanten B zurückgeschickt, dann handelt es sich um einen Ertrag bei B.		X
4.	Steigt der Bestand des Lagers der fertigen Erzeugnisse und erfolgt keine ertragswirksame Berücksichtigung, dann wird der Erfolg der Periode zu niedrig ausgewiesen.	X	
5.	Durch den allgemeinen Buchungssatz „fertige Erzeugnisse an Bestandserhöhung" wird der Ertrag der Periode um den Wert der Lagerbestandszunahme erhöht.	X	
6.	Im Falle der Lagerbestandsabnahme werden im GuV-Konto auf der Sollseite die Aufwendungen für die produzierten Erzeugnisse der laufenden Periode und der Wert der Bestandsminderungen aufgeführt.	X	

Lösungsvorschläge zur Klausur 6

		richtig	falsch
7.	Abschreibungen werden in der Buchführung von den Wiederbeschaffungskosten vorgenommen, weil in vielen Fällen die Preise der Vermögensgegenstände steigen.		X
8.	Wird eine Maschine „frei Haus" geliefert, dann sind diese Aufwendungen als Anschaffungsnebenkosten zu aktivieren.		X
9.	Die Aktivierung von Anschaffungskosten erfolgt immer zum Bruttopreis (d. h. inklusive USt).		X
10.	Werden beim Erwerb einer Maschine Rabatte gewährt, muss die Aktivierung zum Nettopreis erfolgen, der die Rabatte berücksichtigt.	X	

Lösungsvorschlag zur Aufgabe 3 der Klausur 6:   15 Punkte

A	Bilanz (a)		P
Kasse	2.000	Eigenkapital	2.000
	2.000		2.000

A	Bilanz (b)		P
Bankguthaben	7.000	Eigenkapital	2.000
Kasse	2.000	Darlehen	7.000
	9.000		9.000

A	Bilanz (c)		P
BGA	3.000	Eigenkapital	2.000
Bankguthaben	4.000	Darlehen	7.000
Kasse	2.000		
	9.000		9.000

A	Bilanz (d)		P
BGA	3.000	Eigenkapital	2.000
Vorräte	1.500	Darlehen	7.000
Bankguthaben	4.000		
Kasse	500		
	9.000		9.000

A	Bilanz (e)		P
BGA	3.000	Eigenkapital	2.000
Vorräte	1.500	Darlehen	6.500
Bankguthaben	3.500		
Kasse	500		
	8.500		8.500

A	Bilanz (f)		P
BGA	3.000	Eigenkapital	2.200
Vorräte	1.200	Darlehen	6.500
Bankguthaben	3.500		
Kasse	1.000		
	8.700		8.700

Lösungsvorschlag zur Aufgabe 4 der Klausur 6:   **54 Punkte**

1) Wareneinkauf   10.000
    Bezugskosten   1.000
    VSt   2.090   an Verb. aLuL   13.090

2) Forderungen aLuL   47.600   an Warenverkauf   40.000
                                   USt   7.600

3) Warenverkauf   10.000
    USt   1.900   an Forderungen aLuL   11.900

4) GewSt-Aufw.   12.000   an Bank   12.000

5) ARAP   500   an Bank   595
    VSt   95

6) Wareneinkauf   17.500
    VSt   3.325   an Verb. aLuL   20.825

7) Verb. aLuL   952   an Erhaltene Waren-Boni   800
                                 VSt   152

8) Zinsaufwand   5.000   an Sonstige Verb.   5.000

9) Aufw. für Rohstoffe   15.000   an Rohstoffe   15.000

10) Aufw. für Hilfsstoffe   3.000   an Hilfsstoffe   3.000

11) Verb. aLuL   15.000   an Bank   15.000

12) Forderungen aLuL   11.900   an Umsatzerlöse   10.000
                                   USt   1.900

13) Forderungen aLuL   29.750   an Warenverkauf   25.000
                                   USt   4.750

14) Gewährte Skonti   500
    USt   95
    Bank   29.155   an Forderungen aLuL   29.750

Lösungsvorschläge zur Klausur 6

15) Privat	2.000	an	Kasse	2.000
16) Bank	14.280	an	Maschinen	10.000
			USt	2.280
			S. b. Ertrag	2.000
17) Abschreibungen	2.000	an	Gebäude	2.000
18) SBK	1.000	an	Wareneinkauf	1.000
19) SBK	2.000	an	Betriebsstoffe	2.000
Aufw. für Betriebsstoffe	1.000	an	Betriebsstoffe	1.000
20) SBK	1.000	an	Fertige Erzeugnisse	1.000
Bestandsveränderungen	8.000	an	Fertige Erzeugnisse	8.000
21) SBK	25.000	an	Unfertige Erzeugnisse	25.000
Unfertige Erzeugnisse	12.000	an	Bestandsveränderungen	12.000
22) SBK	2.000	an	Hilfsstoffe	2.000

S	Gebäude		H	S	Maschinen		H
AB	80.000	17)	2.000	AB	35.000	16)	10.000
		SBK	**78.000**			SBK	**25.000**
	80.000		80.000		35.000		35.000

S	BGA		H	S	Rohstoffe		H
AB	15.000	SBK	15.000	AB	21.000	9)	15.000
	15.000		15.000			SBK	**6.000**
					21.000		21.000

S	Wareneinkauf		H	S	Forderungen		H
AB	17.000	18) SBK	**1.000**	AB	18.000	3)	11.900
1)	10.000	Warenb.	800	2)	47.600	14)	29.750
6)	17.500	GuV-K	**43.700**	12)	11.900	SBK	**65.600**
Bez.-K.	1.000			13)	29.750		
	45.500		45.500		107.250		107.250

S	Betriebsstoffe		H	S	Hilfsstoffe		H
AB	3.000	19) SBK	**2.000**	AB	5.000	10)	3.000
		19) Aufw.	1.000			22) SBK	**2.000**
	3.000		3.000		5.000		5.000

S	Fertige Erzeugnisse		H	S	Unfertige Erzeugnisse		H
AB	9.000	20) SBK	**1.000**	AB	13.000	21) SBK	**25.000**
		BV	8.000	BV	12.000		
	9.000		9.000		25.000		25.000

Lösungsvorschläge zur Klausur 6

S	Bank		H
AB	32.000	4)	12.000
14)	29.155	5)	595
16)	14.280	11)	15.000
		SBK	47.840
	75.435		75.435

S	Kasse		H
AB	47.000	15)	2.000
		SBK	45.000
	47.000		47.000

S	Vorsteuer		H
1)	2.090	7)	152
5)	95	USt	5.358
6)	3.325		
	5.510		5.510

S	Umsatzsteuer		H
3)	1.900	AB	9.000
14)	95	2)	7.600
VSt	5.358	12)	1.900
SBK	18.177	13)	4.750
		16)	2.280
	25.530		25.530

S	Rückstellungen		H
SBK	51.000	AB	51.000
	51.000		51.000

S	Darlehen		H
SBK	100.000	AB	100.000
	100.000		100.000

S	Verb. aLuL		H
7)	952	AB	53.000
11)	15.000	1)	13.090
SBK	70.963	6)	20.825
	86.915		86.915

S	Sonst. Verb.		H
SBK	17.000	AB	12.000
		8)	5.000
	17.000		17.000

S	Eigenkapital		H
Privat	2.000	AB	70.000
GuV-K	11.200		
SBK	56.800		
	70.000		70.000

S	Warenverkauf		H
3)	10.000	2)	40.000
Gew. Sk.	500	13)	25.000
GuV-K	54.500		
	65.000		65.000

S	Gewerbesteuer		H
4)	12.000	GuV-K	12.000
	12.000		12.000

S	Erhalt. Warenboni		H
W.-Eink.	800	7)	800
	800		800

S	Zinsaufw.		H
8)	5.000	GuV-K	5.000
	5.000		5.000

S	Aufw. für Rohstoffe		H
9)	15.000	GuV-K	15.000
	15.000		15.000

S	Aufw. für Hilfsstoffe		H
10)	3.000	GuV-K	3.000
	3.000		3.000

S	Aufw. für Betriebsstoffe		H
19)	1.000	GuV-K	1.000
	1.000		1.000

S	Gew. Skonti		H
14)	500	Warenverk.	500
	500		500

S	Privat		H
15)	2.000	EK	2.000
	2.000		2.000

S	ARAP		H
5)	500	SBK	500
	500		500

S	S. b. Erträge		H
GuV-K	2.000	16)	2.000
	2.000		2.000

Lösungsvorschläge zur Klausur 6

S	Bezugskosten		H
1)	1.000	W.-Eink.	1.000
	1.000		1.000

S	Umsatzerlöse (Fertige Erzeugnisse)		H
GuV-K	10.000	12)	10.000
	10.000		10.000

S	Abschreibungen		H
17)	2.000	**GuV-K**	**2.000**
	2.000		2.000

S	Bestandsveränderungen		H
20)	8.000	21)	12.000
GuV-K	4.000		
	12.000		12.000

S	SBK		H
Geb.	78.000	Eigenkap.	56.800
Masch.	25.000	Rückst.	51.000
BGA	15.000	Darlehen	100.000
Waren	1.000	Verb. aLuL	70.963
Rohstoffe	6.000	Sonst. Verb.	17.000
Betriebs-		USt	18.177
stoffe	2.000		
Hilfsstoffe	2.000		
Fertige Erz.	1.000		
Unf. Erz.	25.000		
Ford.	65.600		
Bank	47.840		
Kasse	45.000		
ARAP	500		
	313.940		313.940

S	GuV-Konto		H
W.-Eink.	43.700	W.-Verk.	54.500
AfR	15.000	UE (FE)	10.000
AfH	3.000	BV	4.000
AfB	1.000	S. b. Ertr.	2.000
Abschr.	2.000	EK (Verl.)	11.200
Zinsaufw.	5.000		
GewSt	12.000		
	81.700		81.700

Lösungsvorschläge zur Klausur 7

Bearbeitungszeit:	90 Minuten
Erreichte Gesamtpunktzahl:	… Punkte von 90 Punkten

Lösungsvorschlag zur Aufgabe 1 der Klausur 7:	8 Punkte

a) Lohnzahlung für in der Periode erbrachte Arbeitsleistungen
b) Begleichung einer in Vorperioden gebildeten sonstigen Verbindlichkeit
c) Kauf eines abschreibungsfähigen Anlagegegenstandes
d) Kredittilgung
e) Waren, die im selben Jahr veräußert und dann vom Kunden bezahlt werden
f) Erstellung und Absatz von Produkten, für die in einer vorhergehenden Periode eine Anzahlung erfolgte
g) Forderungen aus erbrachten Lieferungen oder Leistungen, die erst in der folgenden Periode beglichen werden
h) Warenentnahme durch den Eigner

Lösungsvorschlag zur Aufgabe 2 der Klausur 7:	10 Punkte

		richtig	falsch
1.	Lieferantenskonti bzw. erhaltene Skonti werden wie folgt umgebucht: „Wareneinkauf an Lieferantenskonti".		X
2.	Kundenskonti bzw. gewährte Skonti werden wie folgt umgebucht: „Kundenskonti an Warenverkauf".		X
3.	Bei der Verbuchung von Rücksendungen muss eine Umsatzsteuerkorrektur erfolgen, weil sich die Bemessungsgrundlage für die USt nachträglich geändert hat.	X	
4.	Ist die produzierte Menge kleiner als die abgesetzte Menge, ergeben sich hieraus nur dann erfolgswirksame Konsequenzen, wenn ein Endbestand zu verzeichnen ist.		X
5.	Im Falle der Lagerbestandsabnahme wird auf dem Bestandskonto „fertige Erzeugnisse" eine Buchung auf der Sollseite vorgenommen.		X
6.	Durch den allgemeinen Buchungssatz „Bestandserhöhung an fertige Erzeugnisse" wird der Ertrag der Periode um den Wert der Lagerzunahme erhöht.		X
7.	Steuerliche und handelsrechtliche Herstellungskosten stimmen immer überein.		X

Lösungsvorschläge zur Klausur 7   81

		richtig	falsch
8.	Die Aktivierung von Anschaffungsnebenkosten verfolgt das Ziel einer periodengerechten Gewinnermittlung.	X	
9.	Die Aktivierung von Anschaffungskosten erfolgt immer zum Nettopreis (d. h. ohne USt).	X	
10.	Eine Pauschalabschreibung von Forderungen ist üblich, wenn sich der Forderungsbestand aus wenigen Forderungen zusammensetzt, die jeweils einen hohen Betrag aufweisen.		X

Lösungsvorschlag zur Aufgabe 3 der Klausur 7:   10 Punkte

		Aktiv-tausch	Passiv-tausch	Aktiv-Passiv-Mehrung	Aktiv-Passiv-Minderung
1.	Skontoabzug auf Ausgangsrechnung				X
2.	Barentnahme des Unternehmers				X
3.	Umbuchung der Vorsteuer				X
4.	Banküberweisung an Lieferanten				X
5.	Bestandsmehrung bei unfertigen Erzeugnissen			X	
6.	Unsere Banküberweisung für Miete				X
7.	Kauf einer Maschine auf Kredit			X	
8.	Bezug voll voraus bezahlter Betriebsstoffe	X			
9.	Verbrauch von Rohstoffen				X
10.	Schuldenerlass seitens eines Lieferanten		X		

Lösungsvorschlag zur Aufgabe 4 der Klausur 7:   14 Punkte

Nettomethode:

Fall a) Bank   17.850   an Maschinen   12.000
                                                Gew. aus Anl.-Abg.   3.000
                                                USt   2.850

Fall b) Bank   17.850
         Verl. a. Anl.-Abg.   3.000   an Maschinen   18.000
                                                USt   2.850

Bruttomethode:

Fall a)	Bank	17.850	an	Erlöse a. Anl.-Abg. (BG)	15.000
				USt	2.850
	Erl. a. Anl.-Abg. (BG)	15.000	an	Maschinen	12.000
				Gew. aus Anl.-Abg.	3.000
Fall b)	Bank	17.850	an	Erlöse a. Anl.-Abg. (BV)	15.000
				USt	2.850
	Erlöse a. Anl.-Abg. (BV)	15.000	an	Maschinen	18.000
	Verluste aus Anl.-Abg.	3.000			

Lösungsvorschlag zur Aufgabe 5 der Klausur 7:	13 Punkte

1.	Besitzwechsel	5.750,00	an	Forderungen	5.750,00
2.	Bank	5.661,75			
	Diskontaufwand	86,25			
	Kosten Geldverkehr	2,00	an	Besitzwechsel	5.750,00
3.	Forderungen	98,15	an	Diskontertrag	86,25
				Kosten Geldverkehr	10,00
				USt	1,90
4.	Bank	98,15	an	Forderungen	98,15
5.	Verbindlichkeiten	1.500,00	an	Schuldwechsel	1.500,00
6.	Diskontaufwand	99,00			
	Kosten Geldverkehr	20,00			
	VSt	3,80	an	Verbindlichkeiten	122,80
7.	Verbindlichkeiten	122,80	an	Bank	122,80
8.	Schuldwechsel	1.500,00	an	Bank	1.500,00

Lösungsvorschlag zur Aufgabe 6 der Klausur 7:	35 Punkte

1. Wir erhalten Waren geliefert, die wir sofort bar bezahlen und somit Skonto in Anspruch nehmen.

2. Wir zahlen per Akzept eine Verbindlichkeit.

3. Wir verkaufen eine Maschine über Restbuchwert (Bruttomethode).

4. Wir schreiben Forderungen indirekt ab.

5. Eine Rückstellung ist höher als die Steuernachzahlung.

6. Wir erhalten Zinsen für einen Zeitraum im Folgejahr bereits im laufenden Jahr gutgeschrieben.

7. Wir fertigen eine Maschine zur Eigennutzung.

8. Wir verkaufen Waren bar und gewähren Skonto.

9. Der Unternehmer entnimmt Gegenstände bzw. empfängt Leistungen vom Unternehmen für private Zwecke.

10. Wir buchen den Arbeitgeberanteil zur Sozialversicherung.

11. Wir zahlen einen Gehaltvorschuss.

12. Wir schreiben das Gebäude ab.

13. Ein Kunde bezahlt eine Forderung durch Banküberweisung.

14. Wir kaufen ein Kfz auf Ziel.

15. Wir verkaufen Waren auf Ziel.

16. Wir zahlen die USt-Schuld durch Banküberweisung.

17. Wir buchen den Einsatz/Verbrauch von Betriebsstoffen.

18. Wir schließen das Wareneinkaufskonto ab (Bruttomethode).

19. Wir schließen das Wareneinkaufskonto ab (Nettomethode).

Lösungsvorschläge zur Klausur 8

Bearbeitungszeit:	90 Minuten
Erreichte Gesamtpunktzahl:	… Punkte von 90 Punkten

Lösungsvorschlag zur Aufgabe 1 der Klausur 8:	30 Punkte

a) 1. Handelsrechtlich ist (abgesehen von § 241a HGB) jeder Kaufmann gemäß § 238 HGB zur Buchführung und zur Beachtung der Grundsätze ordnungsmäßiger Buchführung verpflichtet. Die Kaufmannseigenschaft richtet sich dabei nach dem einleitenden Paragraphen des HGB.

2. Steuerrechtlich wird gemäß der Abgabenordnung (AO) in eine originäre und eine derivative (abgeleitete) Buchführungspflicht unterschieden. Während gemäß Letzterer jene Wirtschaftssubjekte für die Besteuerung buchführungspflichtig sind, die dies bereits nach anderen Gesetzen als den Steuergesetzen erfüllen, wird dieser Personenkreis um jene Personen erweitert, welche bestimmte Kriterien nach § 141 AO erfüllen.

b)

Aktiva	Eröffnungsbilanz in EUR		Passiva
Anlagevermögen		*Eigenkapital*	31.418
Grundstücke	30.000	*Fremdkapital*	
Maschinen und Anlagen	1.000	Hypothekendarlehen	15.000
	31.000	Verbindlichkeiten	5.500
Umlaufvermögen			*20.500*
Vorräte	474		
Forderungen	16.000		
Kasse/Bank	4.444		
	20.918		
	51.918		**51.918**

c)

Jahr	Buchwert zu Periodenbeginn	Abschreibungsmethode	Abschreibungsbetrag	Buchwert zu Periodenende
1	40.000	geometrisch-degressiv	12.000	28.000
2	28.000	geometrisch-degressiv	8.400	19.600
3	19.600	geometrisch-degressiv	5.880	13.720
4	13.720	geometrisch-degressiv	4.116	9.604
5	9.604	geometrisch-degressiv	2.881	6.723
6	6.723	linear	2.241	4.482
7	4.482	linear	2.241	2.241
8	2.241	linear	2.241	0

Lösungsvorschlag zur Aufgabe 2 der Klausur 8:   45 Punkte

a)	Waren/-einkauf	2.000,00			
	VSt	380,00	an	Kasse	2.380,00
b)	Maschinen und Anlagen	8.100,00			
	VSt	1.539,00	an	Verb. aLuL	9.639,00
c)	Verb. aLuL	23.800,00	an	Bank	22.848,00
				VSt	152,00
				Erhaltene Sk./ Lieferantensk.	800,00
d)	Bank	600,00	an	Kasse	600,00
e)	Büroaufwand	23,80	an	Kasse	23,80
f)	Privatentnahme	595,00	an	Entnahme v.G.u.s.L.	500,00
				USt	95,00
g)	Erlösberichtigung	200,00			
	USt	38,00	an	Ford. aLuL	238,00
h)	Abschr. auf Fuhrpark	5.880,00	an	Fuhrpark	5.880,00
i)	Rückstellung	3.000,00			
	S. b. Aufwand (periodenfremd)	2.000,00	an	Bank	5.000,00
j)	Sonstige Forderungen	200,00	an	Zinserträge	200,00
	Bank	600,00	an	Zinserträge	400,00
				Sonstige Forderungen	200,00
k)	*entweder:*				
	Mietaufwand	6.000,00			
	VSt	1.140,00	an	Bank	7.140,00
	ARAP	4.000,00	an	Mietaufwand	4.000,00
	oder:				
	Mietaufwand	2.000,00			
	ARAP	4.000,00			
	VSt	1.140,00	an	Bank	7.140,00
	sowie schließlich:				
	Mietaufwand	4.000,00	an	ARAP	4.000,00

l)	Sonstige Forderungen	1.190,00	an	Waren/-einkauf VSt	1.000,00 190,00
m)	S. b. Aufwand	500,00	an	Verb. aLuL	500,00
	denkbar auch: S. b. Aufwand	500,00	an	Sonstige Verb.	500,00
n)	Kasse	5,95	an	Umsatzerlöse USt	5,00 0,95
o)	Zweifelh. Forderungen	35.700,00	an	Forderungen aLuL	35.700,00
	Abschr. a. Forderungen USt	6.000,00 1.140,00	an	Zweifelh. Ford.	7.140,00
	Abschr. a. Forderungen	14.000,00	an	Zweifelh. Ford.	14.000,00
p)	Einstellung in PWB	3.000,00	an	PWB auf Ford.	3.000,00
q)	Bank	4.760,00	an	Zweifelh. Ford.	4.760,00
	Bank S. b. Aufwand (periodenfremd) USt	5.950,00 1.000,00 2.850,00	an	Zweifelh. Ford.	9.800,00
r)	Personalaufwand	3.000,00	an	Bank FB-Verb. SV-Verb.	1.300,00 900,00 800,00
	AG-SV-Aufwand	800,00	an	SV-Verb.	800,00

Lösungsvorschlag zur Aufgabe 3 der Klausur 8:	**8 Punkte**

a) im selben Jahr abgesetzte und bezahlte Waren

b) Kunde leistet Anzahlung für eine Leistung der Folgeperiode

c) Kauf und Verbrauch von Rohstoffen in der Periode

d) Bildung einer Rückstellung, die sich in den Folgejahren jedoch als haltlos herausstellt

Lösungsvorschläge zur Klausur 8

| **Lösungsvorschlag zur Aufgabe 4 der Klausur 8:** | **7 Punkte** |

a)
01: Gebäudeaufwand   1.500,00
      ARAP   1.500,00   an   Bank   3.000,00

02: Gebäudeaufwand   1.500,00   an   ARAP   1.500,00

b)
01: Provisionsaufwand   15.500,00
      VSt   2.945,00   an   Sonstige Verb.   18.445,00

02: Sonstige Verb.   18.445,00   an   Bank   18.445,00

c)
01: Privatentnahme   1.500,00   an   Bank   1.500,00

Lösungsvorschläge zur Klausur 9

Bearbeitungszeit:	90 Minuten
Erreichte Gesamtpunktzahl:	… Punkte von 90 Punkten

Lösungsvorschlag zur Aufgabe 1 der Klausur 9: 8 Punkte

a) gezogener Wechsel: Tratte
b) Wechselnehmer: Remittent
c) angenommener Wechsel: Akzept
d) Weitergabevermerk: Indossament
e) Wechselaussteller: Trassant
f) eigener Wechsel: Solawechsel
g) Bezogener: Akzeptant
h) Rückgriff: Regress

Lösungsvorschlag zur Aufgabe 2 der Klausur 9: 12 Punkte

		Aktivtausch	Passivtausch	Aktiv-Passiv-Mehrung	Aktiv-Passiv-Minderung
1.	Verbrauch von Hilfsstoffen				X
2.	Eingang der Maklerrechnung für unseren Gebäudekauf			X	
3.	Prolongation unseres Akzeptes		X		
4.	Bestandsminderung bei den fertigen Erzeugnissen				X
5.	Kauf eines Kfz auf Ziel			X	
6.	Umwandlung einer Lieferantenschuld in eine Wechselschuld		X		
7.	Lieferantenskonto		X		
8.	Rücksendung von Rohstoffen, die auf Ziel gekauft wurden				X
9.	Kundenskonto				X
10.	vom Darlehensgläubiger berechnete Zinsen werden nicht sofort bezahlt		X		
11.	Barzahlung der Eingangsfracht für Betriebsstoffe	X			
12.	Barabhebung vom Bankkonto	X			

Lösungsvorschlag zur Aufgabe 3 der Klausur 9: | 10 Punkte

- Das SBK wird in der Regel zum 31.12. aufgestellt.
- Soll und Haben wurden vertauscht.
- Das Bankguthaben ist nicht in EUR, sondern in Dollar ausgewiesen.
- Rückstellungen dürfen nur auf der Habenseite stehen.
- Auf der falschen Seite stehen Eigenkapital, Rückstellungen, PRAP, Bank, ARAP und Rohstoffe.
- Der Rohstoffverbrauch gehört in das GuV-Konto.
- Soll und Haben stimmen betragsmäßig nicht überein.

Lösungsvorschlag zur Aufgabe 4 der Klausur 9: | 22 Punkte

a) 1. Zweifelhafte Ford.   89.250,00   an   Forderungen   89.250,00

   2. Abschreib. a. Ford. 37.500,00   an   Zweifelhafte Ford. 37.500,00

   3. Bank   62.475,00
      USt   4.275,00   an   Zweifelhafte Ford. 51.750,00
                                          S. b. Ertrag   15.000,00

b) *Ermittlung der endgültigen Anschaffungskosten:*

	Anschaffungspreis	56.000,00 EUR
./.	3% Skonto	1.680,00 EUR
=	vorläufige Anschaffungskosten	54.320,00 EUR
./.	Preisnachlass, netto	2.800,00 EUR
=	endgültige Anschaffungskosten	51.520,00 EUR

Buchung bei Lieferung:
Maschinen   56.000,00
VSt   10.640,00   an   Verbindlichkeiten   66.640,00

Buchung bei Zahlung:
Verbindlichkeiten   66.640,00   an   VSt   319,20
                                                                   Maschinen   1.680,00
                                                                     Bank   64.640,80

Buchung nach erfolgreicher Mängelrüge:
Sonstige Ford.   3.332,00   an   Maschinen   2.800,00
                                                                     VSt   532,00

c) *Buchung bei Gehaltszahlung:*

Gehälter	7.000,00	an	Verb. ggü. FB	1.282,00
			Verb. ggü. SV	1.260,00
			Bank	4.458,00
AG-Anteil zur SV	1.260,00	an	Verb. ggü. SV	1.260,00

Buchung bei Überweisung:

Verb. ggü. SV	2.520,00	an	Bank	2.520,00
Verb. ggü. FB	1.282,00	an	Bank	1.282,00

d)
01: Rechtskosten	12.000,00	an	Rückstellungen	12.000,00
02: Rückstellungen	12.000,00	an	Bank	7.000,00
			Per.-fr. Ertr. (S. b. Ertr.)	5.000,00

e) *Variante:*

02: Rückstellungen	12.000,00			
Rechtskosten	3.000,00	an	Bank	15.000,00

Lösungsvorschlag zur Aufgabe 5 der Klausur 9:   38 Punkte

a)
Wareneinkauf	50.000			
VSt	9.500	an	Verbindlichkeiten	59.500

b)
Verbindlichkeiten	59.500	an	Bank	58.310
			VSt	190
			Erhalt. Skonti	1.000

c)
Rohstoffaufwand	10.000	an	Rohstoffe	10.000

d)
Kasse	89.250	an	Warenverkauf	75.000
			USt	14.250

e)
Bank	10.000	an	Forderungen	10.000

f)
AfA	5.000	an	Maschinen	5.000

g)
Mietaufwand	4.000	an	Bank	4.000
ARAP	4.000	an	Mietaufwand	4.000

h)
SBK	30.000	an	Wareneinkauf	30.000

i)
SBK	20.000	an	Rohstoffe	20.000

j)
SBK	30.000	an	Fertige Erzeugnisse	30.000

Lösungsvorschläge zur Klausur 9

k)	Erhalt. Skonti	1.000	an	Wareneinkauf	1.000
l)	Warenverkauf	39.000	an	Wareneinkauf	39.000
m)	Fertige Erzeugnisse	10.000	an	Bestandsveränderungen	10.000
n)	USt	9.310	an	VSt	9.310
o)	GuV-Konto	31.000	an	Eigenkapital	31.000

S	Maschinen		H
AB	50.000	f)	5.000
		SBK	**45.000**
	50.000		50.000

S	Verbindlichkeiten		H
b)	59.500	AB	90.000
SBK	**90.000**	a)	59.500
	149.500		149.500

S	Wareneinkauf		H
AB	20.000	h) SBK	**30.000**
a)	50.000	k)	1.000
		l)	39.000
	70.000		70.000

S	Eigenkapital		H
SBK	**141.000**	AB	110.000
		GuV-K	31.000
	141.000		141.000

S	Rohstoffe		H
AB	30.000	c)	10.000
		i) SBK	**20.000**
	30.000		30.000

S	Erhalt. Skonti		H
k)	1.000	b)	1.000
	1.000		1.000

S	Fertige Erzeugnisse		H
AB	20.000	j) SBK	**30.000**
m)	10.000		
	30.000		30.000

S	Rohstoffaufwand		H
c)	10.000	GuV-K	**10.000**
	10.000		10.000

S	Forderungen		H
AB	15.000	e)	10.000
		SBK	**5.000**
	15.000		15.000

S	Warenverkauf		H
l)	39.000	d)	75.000
GuV-K	**36.000**		
	75.000		75.000

S	Bank		H
AB	60.000	b)	58.310
e)	10.000	g)	4.000
		SBK	**7.690**
	70.000		70.000

S	Umsatzsteuer		H
n)	9.310	d)	14.250
SBK	**4.940**		
	14.250		14.250

S	Kasse		H
AB	5.000	SBK	**94.250**
d)	89.250		
	94.250		94.250

S	Abschreibungen		H
f)	5.000	GuV-K	**5.000**
	5.000		5.000

S	Vorsteuer		H
a)	9.500	b)	190
		n)	9.310
	9.500		9.500

S	Bestandsveränderungen		H
GuV-K	**10.000**	m)	10.000
	10.000		10.000

S	ARAP		H		S	Mietaufwand		H
g)	4.000	SBK	4.000		g)	4.000	g)	4.000
	4.000		4.000			4.000		4.000

S	SBK		H		S	GuV-Konto		H
Masch.	45.000	EK	141.000		Roh.-Auf.	10.000	W.-Verk.	36.000
Waren	30.000	Verb.	90.000		AfA	5.000	BV	10.000
Rohst.	20.000	USt	4.940		**Gew.**	**31.000**		
Fertige Erz.	30.000					46.000		46.000
Forder.	5.000							
Bank	7.690							
Kasse	94.250							
ARAP	4.000							
	235.940		235.940					

Lösungsvorschläge zur Klausur 10

Bearbeitungszeit:	90 Minuten
Erreichte Gesamtpunktzahl:	... Punkte von 90 Punkten

Lösungsvorschlag zur Aufgabe 1 der Klausur 10:	10 Punkte

a) 1. Lineare Abschreibung mit gleichbleibenden Abschreibungsbeträgen

$$\text{Abschreibungsbetrag} = \frac{\text{Abschreibungsbasis (i. d. R. AK bzw. HK)}}{\text{Nutzungsdauer}}$$

$$\text{Abschreibungssatz} = \frac{100}{\text{Nutzungsdauer}}$$

2. Geometrisch-degressive Abschreibung mit gleichbleibendem Abschreibungssatz vom jeweiligen Restbuchwert

3. Abschreibung nach Maßgabe der Leistung

$$\text{Abschreibungsbetrag} = \frac{\text{Abschreibungsbasis} \cdot \text{Jahresleistung}}{\text{Gesamtleistung}}$$

b) Formelle Mängel:
- Buchungen werden zeitlich ungeordnet vorgenommen.
- Abkürzungen oder Symbole werden nicht eindeutig verwendet (z. B. bedeutet „DB" einmal Deutsche Bank, dann Daimler Benz).

Sachliche Mängel:
- Geschäftsvorfälle werden nicht bzw. unvollständig gebucht.
- Geschäftsvorfälle werden im falschen Abrechnungszeitraum gebucht.

| **Lösungsvorschlag zur Aufgabe 2 der Klausur 10:** | **10 Punkte** |

| **Lösungsvorschlag zur Aufgabe 3 der Klausur 10:** | **10 Punkte** |

a) Gekaufte, aber noch nicht bezahlte Rohstoffe werden an den Lieferanten zurückgesandt.

b) Wir verkaufen eine Maschine unter Restbuchwert.

c) Kunde begleicht eine Rechnung unter Inanspruchnahme von Skonto.

d) Wir verbrauchen eine Rückstellung, die in zu geringer Höhe gebildet wurde.

e) Wir zahlen die (umsatzsteuerfreie) Miete für das folgende Jahr (z. B. für Januar 02) bereits in diesem Jahr (z. B. im Dezember 01).

| **Lösungsvorschlag zur Aufgabe 4 der Klausur 10:** | **30 Punkte** |

Buchungssätze:

a) Rückstellung   22.500   an   S. b. Ertrag   2.500
                                                                           Bank   20.000

b) Zinsaufwand   45.000   an   Bank   45.000

Lösungsvorschläge zur Klausur 10

c) Bank 10.000 an Forderungen 10.000

d) Maschinen 135.000
   VSt 25.650 an Bank 160.650

   Abschreibungen 27.000 an Maschinen 27.000

   Die Maschine wurde zu Beginn des Jahres erworben und muss für dieses Jahr auch voll abgeschrieben werden.

e) Abschreibungen 66.000 an Gebäude 66.000

   vorgenommene Abschreibungen bisher: 40% (zehn Jahre mit je 4% der AK)
   ⇨ Restbuchwert des Gebäudes entspricht 60% der AK
   RBW Gebäude: 990.000

   ursprüngl. AK Gebäude = $\frac{990.000}{60} \cdot 100 = 1.650.000$

   jährliche Abschreibung = 4% von 1.650.000 = 66.000

S	Gebäude		H
AB	990.000	e)	66.000
		SBK	924.000
	990.000		990.000

S	Eigenkapital		H
SBK	830.650	AB	780.750
			49.900
	830.650		830.650

S	Maschinen		H
	340.200	d)	27.000
d)	135.000	SBK	448.200
	475.200		475.200

S	Rückstellungen		H
a)	22.500		22.500
	22.500		22.500

S	Abschreibungen		H
d)	27.000	GuV-K	93.000
e)	66.000		
	93.000		93.000

S	S. b. Ertrag		H
GuV-K	2.500	a)	2.500
	2.500		2.500

S	VSt		H
d)	25.650	USt	25.660
	25.650		25.650

S	USt		H
VSt	25.650		67.500
SBK	41.850		
	67.500		67.500

Lösungsvorschläge zur Klausur 10

S	Forderungen		H
AB	193.950	c)	10.000
		SBK	183.950
	193.950		193.950

S	Bank		H
AB	324.000	1)	20.000
c)	10.000	b)	45.000
		d)	160.650
		SBK	108.350
	334.000		334.000

S	Zinsaufwand		H
b)	45.000	GuV	45.000
	45.000		45.000

S	GuV-Konto		H
Abschreib.	156.900	Umsatzerlöse	459.000
Mietaufw.	30.150	Mieterträge	9.000
Zinsaufw.	59.400	Zinserträge	18.450
Lohnaufw.	72.000	S. b. Ertrag	2.500
Reparaturaufw.	54.000		
Telefonaufw.	31.500		
sonst. Aufw.	35.100		
Gewinn	49.900		
	488.950		488.950

S	SBK		H
Gebäude	924.000	Eigenkapital	830.650
Maschinen	448.200	Darlehen	900.000
Beteiligungen	112.500	Verb.a.LuL	72.000
Waren	58.500	USt	41.850
Forderungen	183.950		
Bankguthaben	108.350		
Kasse	9.000		
	1.844.500		1.844.500

Lösungsvorschlag zur Aufgabe 5 der Klausur 10: — 30 Punkte

	Summenbilanz Soll	Summenbilanz Haben	Saldenbilanz I Soll	Saldenbilanz I Haben	Umbuchungen Soll	Umbuchungen Haben	Saldenbilanz II Soll	Saldenbilanz II Haben	Abschlussbilanz Aktiva	Abschlussbilanz Passiva	Erfolgsbilanz Aufwand	Erfolgsbilanz Ertrag
Gebäude	1.460.000		1.460.000			58.400	1.401.600		1.401.600			
Maschinen	1.190.000		1.190.000			238.000	952.000		952.000			
BGA	410.000		410.000			41.000	369.000		369.000			
Kasse	162.520	139.910	22.610				22.610		22.610			
Bank	2.380.000	2.144.000	236.000				236.000		236.000			
Rohstoffe	680.000	425.000	255.000			3.400	251.600		251.600			
Fertige Erzeugnisse	136.000	102.000	34.000			850	33.150		33.150			
Forderungen aLuL	2.010.000	1.666.000	344.000				344.000		344.000			
Zweifelhafte Ford.	51.000		51.000			17.000	34.000		34.000			
Sonst. Forderungen	42.000	20.400	21.600		510		22.110		22.110			
Vorsteuer	90.740		90.740			90.740						
ARAP			0		2.550		2.550		2.550			
Eigenkapital		2.434.010		2.434.010				2.400.010		2.400.010		
Privat	34.000		34.000			34.000						
Rückstellungen	13.600	95.000		81.400		8.500		89.900		89.900		
Bankdarlehen	85.000	325.000		240.000				240.000		240.000		
Verbindlichkeiten aLuL	1.377.000	1.632.000		255.000				255.000		255.000		
Umsatzsteuer		180.080		180.080	90.740			89.340		89.340		
Sonst. Verbindlichk.		17.000		17.000		680		17.680		17.680		
PRAP			0			2.040		2.040		2.040		
Umsatzerlöse		4.280.000		4.280.000				4.280.000				4.280.000
Zinserträge		54.000		54.000		510		54.510				54.510
Mieterträge		55.600		55.600	2.040			53.560				53.560
Löhne und Gehälter	2.881.500		2.881.500				2.881.500				2.881.500	
Arbeitgeberanteile	338.300		338.300				338.300				338.300	
Abschr. auf Anlagen			0		337.400		337.400				337.400	
Abschr. auf Ford.			0		17.000		17.000				17.000	
Zinsaufwendungen	17.000		17.000		680		17.680				17.680	
Versicherungsaufwendung.	40.800		40.800			2.550	38.250				38.250	
Gewerbesteueraufwend.			0		8.500		8.500				8.500	
Aufwendungen für RHB			0		3.400		3.400				3.400	
Bestandsveränderungen	170.540		170.540		850		171.390				171.390	
	13.570.000	13.570.000	7.597.090	7.597.090	497.670	497.670	7.482.040	7.482.040	3.668.620	3.093.970	3.813.420	4.388.070
										574.650	574.650	
									3.668.620	3.668.620	4.388.070	4.388.070
									Gewinn:			